相信自己，才是完整的你

高瑞希（奶媽Naima）著

覺察自我的 27 個練習

目次

作者序——不討厭自己，才能勇於看向黑暗……006

輯一 問題，往往源於沒自信

「搞曖昧」不開心？其實是你太複雜了……012
每一個渣男渣女，都是幫助我們認清自己……021
選擇「欺騙」的出軌者，是因為價值感低落……029
寧願清醒沉淪，都勝過閉眼裝死……041
太自私的伴侶不行，但「太包容的伴侶」更恐怖……055
容貌焦慮，卻自欺欺人的人們……060

輯二 自我，才是最好的衣著

害怕跟人相處的人，一輩子都不可能「拓寬自我」……072
自我，就是一邊探索，一邊反思……082
如何認識自我？你必須有意識去「模仿」……095
你以為的自己，真的是「最真實的自己」嗎？……105
你的自我，遠超乎你想像的大……120
既然你是一個庸才，還怕沒有準備好？……132

輯三 創造，讓自我無限大

靈性的開端，是從無到有的創造……142
自由，是奠基在基礎之上……151

自由書寫，為的是和靈魂完美對接……157
動態冥想，亦能和靈魂連結……168
投射與被投射，都是一個覺醒過程……181

輯四

相信，你已經被愛

不想負責的愛，不是愛……192
向愛人表達情緒，應該，也不應該……202
你要相信，你絕對配得上你想像的一切……211
當自己的開光者，那才是自信……225
最偉大的愛，就是平常心……235

輯五

變好，從微小處開始

風格，取決於你如何過生活……244
你不需要做一個顧全大局的人……252
卡住，其實是一種生命的祝福……262
後記——你不會得到你沒有給的……273

作者序

不討厭自己，才能勇於看向黑暗

這本書大約是在前年（二〇二一年底）開始寫，沒想到前年到今年發生許多重大事件，今日重新閱讀，前幾則篇章的筆觸和觀點，似乎批判性質有些強烈，連自己看都覺得彆扭。

起初，我不太喜歡前半段的文風，不喜歡自己這麼銳利。直至把書全部看完，觀察到前半段跟後半段的高瑞希堪稱兩個人，瞬間明白這本書的存在，恰是記錄我這一年半以來的改變。

或許所謂「自我」，不光是從錯誤和生活裡反思和調整，也涵蓋不斷向內探索和思辨的過程，這勢必會伴隨一點一滴的質變，昨日的我可以悟了今日之非，但明日的我興許會覺得此刻的我淺薄又自以為是，可是那又如何？那全部都是「我」的一部分。

想通這點，我就決定留下前年底的自己，該書就是記錄我這一年半以來的成長過程，還有文筆和敘事風格的變化。然而，無論文筆再怎麼變，核心依然不變，內文所有的猛烈叩問，其實都是在罵我自己，每個關卡我都扎實走過，我的書寫從不為別人，都是為了更加了解自己。

過去校園演講很多主題是關於「好奇心」。

多數人對「了解別人在想什麼」是好奇的，然而這股好奇心背後更多涵蓋著想要抓穩安全感，好似稍微了解那個人一些，未來和他相處應對時，才會曉得要如何保護自己。

不過，一旦好奇心被分成二元的「你／我」，有著太過明顯的界線感，便容易帶有一種上對下的評價意味，以及，太多人喜歡對別人產生好奇，可是宇宙是一為全全為一，倘若你勇敢將自己剝皮見骨，你絕對就會了解別人，也會對他人擁有涵融的慈悲。

我的好奇心，我的這本書，更多是面對人的妄念與暗黑，就像手術刀般劃開心臟，逼著我看見自身的貪婪、軟弱、執著，可是整個過程我是快樂的，畢竟當我選擇以好奇心的態度面對他人行為與自身情緒，這會讓我變成一個內心不容易自我貶低，甚至，成為一個會對自己的負面情緒感到好玩有趣的人。

有篇談到「容貌焦慮」，我提到自己過去老是愛打醫美雷射這件事，說自己是懶惰又求快，這個不是自我批評，對我來說是一種「自我發現」，啊，我的缺點出來了，可是這個缺點是中性的，它只是在反映我的底層信念哪裡有狀況，下次調整即可，更甚，我可以一下調整，一下不調整，但起碼我會選擇看見，我不會逃避，因為一旦我用好奇心面對我的負面思維，我就會曉得憤怒是我、自卑是我、壓力大是我，可是我不會再討厭自己。

閱讀這本書前，我只希望讀者抱著一種視野：**你所有感受到的情緒，都是中**

性的。

你的貪心是中性的，你的自欺欺人是中性的，說你實力不足也是中性的，書中任何讓你感受到不舒服的負面描述，它們的本質都是中性的，唯獨你在將其視為「不好的」時候，才會被你視為惡魔，但這卻是一個契機幫助你看見，弄清楚你為什麼如此不舒服？

接著，我鼓勵你嘗試探索這份感覺，用你對你自己的好奇心，一個好玩的，不帶自我貶低，以一個拓荒者的態度，而這畝荒地就是你的深淵。

尼采說：「當你凝視著深淵，深淵也凝視著你。」

即便我相當尊敬尼采，但就像宇宙有象徵幸運的木星、毀滅的冥王星和未知暗物質一樣，它們全是融合在宇宙星系中，倘若人類也是一個小宇宙，那你怎麼不去看黑洞？而關鍵就是：你要用怎樣的心態去看你過去的屎，因為屎可以是屎，但也可以是養成參天大樹的有機肥料。

書名叫做《相信自己，才是完整的你》，相信就變得非常重要，要相信你所有犯過的錯、愛過的渣男渣女、經驗的大小挫敗日常，那都不妨礙你靈魂原廠設定的純粹，但你必須從裡頭看見自己，而不是老在管別人在幹嘛。

當你徹底意識到了，那麼接下來就是你的選擇，你選擇要脫離靈魂故鄉、就此服膺主流侷限自己，抑或想做一個自由瀟灑、和靈魂完美對接的肉體，只要帶有清醒的覺察，那就沒有所謂對錯。

無論怎樣，請不要再討厭自己。

不討厭自己，你才會敢於看向黑暗，並且明白那不過是太陽的背影。

輯一

問題，往往源於沒自信

「搞曖昧」不開心？其實是你太複雜了

越是不明朗的狀況，就用最簡單方式解決，
要嘛丟直球，要嘛靜置觀察，
可惜現在的人，什麼都有，耐性最缺，
我一律建議丟直球，省得麻煩。

過去三十年一筆筆的情感爛帳，再加不是諮商心理等學科專業，實在很討厭人家稱呼我是「兩性作家」。

除了沒有資格指導別人任何情感問題，再來就是：哪怕愛情與理財是時下文明人最為關注的話題，但與物質世界所需的金錢等理財方針相比，任何有關「愛情」的解決辦法往往異常簡單（吾人貪財卻不善投資，自認投資比談感情更艱難）。

愛情，不是變化莫測的股市行情，有些人會覺得它存在於兩人或多人之間，好像有些複雜，可是一旦冷靜梳理，必然清楚其本源相通，畢竟歷史千萬年下的演化，人類的欲望和執著大概就那幾個模樣。

每個人遭遇的情感困境都不同，核心大抵換湯不換藥。

人類都很聰明，你早就清楚答案，看再多書籍、聆聽再多情感自媒體談論獵愛攻略，他們的存在充其量是協助你驗證己身想法罷了，有趣的是，就算聽了，通常不見得會照做，我就是這樣的人，且我深信大部分人都和我一樣，任性妄為有餘，卻又不願意或沒有勇氣，去發自內心信任自己的判斷。

我不想透過書寫去「教會」你什麼，你想愛誰是你家的事，我只想陪伴我自己，試圖探索一切感情問題中那些藏於幽微深處的、最本質的東西，那就是——

我們到底從這些問題裡頭，發現怎樣的自己？

因為難以掌控，所以心神不寧

一段關係的萌芽，愛情的初始，必然從「曖昧」開始。

民國作家張愛玲在《紅玫瑰與白玫瑰》描繪一段精彩的曖昧環節，男主角振保愛上好友的妻子嬌蕊，嬌蕊的作風洋派大膽，是園裡張揚綻放的紅玫瑰。

某次陽台談心，嬌蕊向振保提到自己的心是一所公寓，振保聽完問道：「公寓有沒有空房間招租？我住不慣公寓房子，我要住單幢的。」這句話儼然是振保對嬌蕊的一種暗示，他想要住進她的心裡。

緊接著張愛玲這麼寫：「嬌蕊哼了一聲道：『看你有本事拆了重蓋！』振保重重踢她椅子一下：『瞧我的罷！』嬌蕊拿開臉上的手，睜大眼睛看他：『你倒也會說兩句俏皮話！』振保笑道：『看見了妳，不俏皮也俏皮了。』」

這邊就不提後續振保因自身軟弱、被封建思想綁架而拋棄嬌蕊的舉動，據我所見，張愛玲將這段男女間的言語挑逗寫得格外細膩，讓我從中窺見曖昧的基礎面向：雙方會認為曖昧充滿美麗與刺激感，其實是**「基於他們都清楚彼此互有好感」**所產生的情境。

這場互動中，你們都有掌控權，自然能好好享受你追我跑的試探，另外曖昧也是一種你見到心儀對象會擁有的下意識反應，誠如振保所言，見到了妳，我突然就變俏皮、變放鬆，願意說說俏皮話。

可是一方面，張愛玲又通過她的一部短篇〈第一爐香〉，讓讀者看見另一種揪心的曖昧面向，女主角葛薇龍因虛榮心嫁給花花大少喬琪喬，對方心性不定，說出來的任何情話，葛薇龍聽來都有種無法信任的、焦慮不安的忸怩。

喬琪喬的曖昧手段及葛薇龍的內心狀態，張愛玲的文字如下：

「她試著分析自己的心理，知道她為什麼這樣固執地愛著喬琪，這樣自卑地愛著他。最初，當然是因為他的吸引力，但是後來，完全是為了他不愛她的緣故。」

「喬琪喬根據過去經驗，早已發現這一個祕訣可以征服不可理喻的婦人心，他對她說了許多溫柔的話，卻始終沒吐過一個字說愛她。」

與雙方心意相通所產生的曖昧形成對照，張愛玲在〈第一爐香〉所呈現的情愛挑逗，卻是一方惶惶不安、帶有一種想要「對方說出愛她」這種爭奪主導權的意味；至於另一方，他則將曖昧視為一種安撫異性的手段，只因他清楚這能征服「不可理喻的婦人心」。

從張愛玲的這段描寫，我挖掘出兩個問題：第一，怎樣情況讓我們開始對曖昧產生不安？第二，怎樣性格讓我們容易被他人的故意行使的、帶有操弄成分的「曖昧手段」所控制？

第一個問題跟第二個問題的脈絡是連貫的，但我先從第一個問題分析。怎樣情況讓我們對曖昧不安？就拿時下男女最常糾結的「已讀不回」來剖析。

一個人讀完你訊息之後回覆，很正常；沒有讀你訊息，沒有回覆你，也算合理範圍內；讀完你訊息，晚一點回覆，可以解釋對方工作繁忙；讀完你訊息，久久不見回覆，你勉強說他應該漏看，把它拗成合理範圍，也是能接受。

讓人想東想西的，通常是對方已讀後久久不回，但他之前已經和你曖昧一陣子，早先日日夜夜的頻繁互動，現在聊天頻率急轉直下，這股反差難以說得過去，這不僅說明人類是慣性動物，更多的是我們在看待任何事物，不光是愛情，其實都對「未知的、無法掌控」的狀況戒慎恐懼。

已讀不回，只是一種舉例，當你願意反思經歷過的大小曖昧，會讓你心神不寧的，不過是未知而已。

狀況越不明，越要用簡單的方式解決

長期研究情緒史的專家蒂芬妮．史密斯（Tiffany Watt Smith）出版的《情緒之書》提到一個名詞叫「模糊不明恐懼症」（Ambiguphobia），由美國小說家大衛．福斯特．華勒斯（David Forest Wallace）所創，意指一件事情的本身存在各種詮釋空間，才會帶給我們不舒適的感受。

曖昧本身是一個中性詞，但竟能讓某些人產生「模糊不明恐懼症」，讓他們在面對關係時難以用順其自然的態度應對，這無疑反映一件事：你已經在這段關係產生想要爭奪的心理。

過去，我曾判斷這應是當事者想要「爭輸贏」吧？但我現在想法是：這些人與其說是爭輸贏，大抵是想要「爭個平衡」而已。

所以對調邏輯，一段關係會讓你想要爭平衡，不就顯示你的心態早已失衡了嗎？或是這段關係的互動本質，從你產生執著的這一刻就開始不對等，猶如左右重心不穩而搖搖欲墜的天秤，終將迎來傾倒的局面。

第一個問題答案呼之欲出，緊接來到第二個問題：是怎樣性格讓我們容易會被帶有操弄成分的「曖昧手段」所吸引？成為紈絝子弟喬琪喬的棋子。

一如張愛玲分析喬琪喬的結論，通常能被帶有謊言的曖昧所矇騙，恰恰是當事者擁有一顆「不可理喻的婦人心」，不可理喻的人，柔聲安撫給糖吃，逢迎討好，最能搞定他們的玻璃心。

而這，就和第一題相互連結。一個人心態失衡，無法有效抓穩自己，對未知過於恐懼、太想掌握局面，成為淹沒在恐懼潮水裡奮力掙扎的溺死之人，此刻出現任何人伸出雙手，他理所當然一把抓住，倒是沒有心思辨認伸出援手的人是真心誠意還是別有居心。

心態越失衡，不光讓曖昧越發不快樂，也輕易讓有心人士趁虛而入，用虛假的曖昧手段對你進行控制。

遇見一個心意相通的人，曖昧起來簡直順風順水，可能不到半年就會在一起。好啦，假設兩個人都有承諾或情感創傷恐懼、不敢馬上踏進關係，或許需要一點時間。可是一個人到底喜不喜歡你，他絕對會讓你知道，彼此也會心領神會，就算曖昧玩再久，倘若心心相印，對雙方都是一大樂趣。

反之，當遇見曖昧不順，已經嚴重造成你情緒困擾，明明很中性的曖昧狀態卻搞得食不知味、天天都在求神問卜，或許你要做的就是靜下來，好好正視內心混亂，拿回你的理性，慢慢觀察這段關係現在的走向，勇敢向對方詢問感受，並抱著迎接任何好壞答案（多半是壞答案）的坦然。

解決曖昧讓人心焦的困境，軍事家孫武在《孫子兵法》給出結論：「兵非貴益多也，惟無武進，足以併力、料敵、取人而已。」

打仗的優勢不是兵力多寡，而是不輕敵，不冒進，集中兵力、判明敵情，取得部下的信任和支持，不過在關係裡，你所要「取」的人，其實是自己，你要懂得穩定自己。

越是不明朗的狀況，就用最簡單方式解決，要嘛丟直球，要嘛靜置觀察，接著請相信自己，因為這段關係的局勢、對方的心意，必然會隨著時間攤在你眼前。

可惜現在的人，什麼都有，耐性最缺，我一律建議丟直球，省得麻煩。

每一個渣男渣女，都是幫助我們認清自己

每一個男人女人，都要經過一次次「被渣」的試煉，
或當過別人眼中的「渣人」，
才會覺醒自己想被怎樣對待，
及自己到底適合哪種形式的情感關係。

每天晚上的固定行程就是滑一下Dcard論壇，看看現在的年輕人在乎什麼事。儘管我經常大言不慚地告訴朋友，到六十歲前的你通通都是年輕人，但不得不說相差五歲等同跨半個世代，人家談論的話題跟偶像男團，我有八成聽不懂他們在講什麼，抱持著資訊焦慮症的困擾，每天看論壇有助進步，確保自己不要變成侏羅紀化石。

長期嬉遊各大論壇，觀察到一個有趣現象。

每個人喜歡和討厭的偶像會變、愛看和厭膩的韓劇會變，今天欣賞的YouTuber也許明天就棄追。然而一旦滑到情感專區，大家發文內容居然大同小異，尤其在定義「渣男」和「渣女」的界線，永遠有人大書己見，試圖為此一族類的行為做出明確詮釋。

看過不少這樣的文章，一名網友發文抱怨前任或曖昧對象是渣男，列舉他的種種渣行，結果底下一排留言，有人說他渣，有人說他不渣，更有人在站隊完後道貌岸然補上一句「這終究是兩個人的事情，大家不應該說嘴」，殊不知自身言論正在為這個討論推波助瀾，假中立本身就不存在。

眼見眾人稀哩呼嚕吵一團，當事人在文章末尾重新編輯，要大家不要吵架。我們檢討別人都比自己認真，分析他人遠比自己專注，不僅渣男渣女，任何事都一樣。

有人認為欺騙就是渣，有人認為這個人「讓我沒安全感」就是渣，有人則說明一旦對方講清楚「我就爛」、「我就是想劈腿」，那麼這樣的男女就不渣，反倒讓人欣賞。對此有人不苟同，一個慣性劈腿還堂而皇之的人，沒有想過克服劣根性跟不安全感，這個人品行怎會不渣？

如果你問我，到底哪些網友說的是對的？我的回答是，他們說的都對，起碼是他們現階段這麼認為。

真相是，我們忙著解構對方言行舉止是否能夠列入渣男渣女的範疇，不過是內在發出的某種警訊，折射我們在情感關係裡想要被怎樣對待，一個人是怎麼定位伴侶的渣與不渣，正是呈現他自身對伴侶關係的渴求與期待。

只不過，很多人只會看見渴求與期待，沒有繼續下探檢視：這個你所發現的渴求與期待，到底是不是你的內在真正想要的？是不是社會加諸於你的？在於不適合你的渴求與期待，正是反映出你的性格缺陷。

性格缺陷所招致的遇渣體質，這才是最要命的。

一個人沒有覺察到自身的殘破靈魂，無法看到己身執著和劣性，重要的是，當他沒有勇氣願意「做出行動」面對和調整，那麼他只會為追逐不合適靈魂的期待與渴望，繼續在不同的情感關係裡，以相同的姿態跌跤。

他們的困境皆是新瓶裝舊酒，酒都發霉，換新瓶子是自欺欺人，到頭來關係崩塌，你見到他們成天罵罵咧咧，覺得都是對方對不起自己，豈知說到底：根本是你允許別人這樣對待你，裝睡的人叫不醒。

與其批評他人的渣，我更想搞清楚的是：我在面對渣男渣女時，到底看見怎樣殘破的、傷痕累累的，我的內在。

遇渣不可怕，但你要懂得覺醒

十九世紀末俄國短篇小說巨擘契訶夫有一則短篇故事〈跳來跳去的女人〉。

女主角奧爾迦是一位附庸風雅的已婚婦女，長相美麗，富有交際手腕，有一個對她極度寵愛，性格卻木訥呆板的醫生丈夫，她是擁有一手好牌的女子。

奧爾迦喜歡結交各路有才華的藝術家到家中作客，其醫生丈夫也不斷為妻子的上流夢買單，白天認真當醫生，晚上斜槓翻譯，幫愛妻購入一幅幅的名畫及樂器。後來，奧爾迦愛上一位藝術家，被對方才華吸引，卻在人財兩失後發現偷情對象根本虛有其表。

為時已晚，真正愛她的醫生丈夫生病過世，奧爾迦就此活在後悔中。顯然地，奧爾迦是遇到渣男了，對吧？但是，她真的有愛這個渣男嗎？

在我看來，奧爾迦沒有愛任何人。

她不愛丈夫，不愛偷情對象，渣男藝術家的背棄，她幡然醒悟自己追逐的就是虛榮心，她最愛的是「成為上流」本身。然而，奧爾迦追逐的卻是一個幻象，是一個填補不滿的黑洞，致使她成為一個「跳來跳去的女人」，今天邀請這名音樂家，後天邀請那位畫家，內心永遠無法平靜，情感生活終究難以穩定。

藝術家是渣男不假，但他的存在和渣行，無疑照見奧爾迦的缺點。

電影《名媛教育》同樣是一個遇見渣男的故事。

聰明伶俐的女主角珍妮被開著名車、滿口文學藝術理論的大叔男主角吸引，沉醉在高級餐廳、爵士俱樂部和巴黎之旅的紙醉金迷，不惜荒廢學業，拋棄自我成就的機會，直到無意間得知男方是有婦之夫，自己不是第一位被騙的女孩，頓時大夢初醒，決定自修完成學業，考上牛津大學，自費滿足去巴黎的欲望，珍妮的內心心安理得。

奧爾迦和珍妮，她們都是在遇見渣男後覺醒。可惜前者覺醒太晚，變成悲劇；後者早早覺醒，成為喜劇。

知道是一回事，是否願意改變才是重點

過去接受專訪，我提到自己是一個常常遇到渣男的人。

我當過第三者，也遇過被男友劈腿的窘境。插足他人的小三，被人插足的正宮，兩個角色都當過，完全不是一件值得驕傲的事，但上述兩個經歷卻都讓我一度失去信心，只不過這邊我特別想談的是當第三者時的情況。

以第三者的情況，我是在不知情狀況下介入關係，捅破窗紙後變成男方的棄子。好的，平心而論，這個男人是不是世俗定義的渣男？以我的價值觀來看，是的，因為對方隱瞞自己有女友和我交往。

但是事後我發現，我之所以會被這兩個男人吸引，不是我深愛他們，而是我的自我價值感太低，一旦被他人稱讚、被他人熱烈追求，我就會因「感受到被愛」選擇和對方在一起。

現在，兩個男人在我的腦海已成殘影，其中一個人的名字我還忘記。他們確實是一個開關，促使我下定決心改變、開啟漫長的自癒歷程，有時候回望難免感嘆：**一個人「知道」是一回事，有沒有「做出行動面對」通常是另外一回事，而後者必然比前者更重要。**

每一個男人女人，都要經過一次次「被渣」的試煉，或當過別人眼中的「渣人」，才會覺醒自己想被怎樣對待，及自己到底適合哪種形式的情感關係。

可是如果要來到最終極的覺醒階段，那麼必然是：渣男渣女，他們會讓你直視己身的恐懼和貪婪。

認知之後選擇沉淪自毀，抑或徹底脫皮蛻變，那是你的事，我管不著，但我可以用過來人身分明確告訴你——**一旦你做出行動改變，同樣的問題和人物，就絕對不會重現在你身上了。**

選擇「欺騙」的出軌者，是因為價值感低落

你越清楚自身狀態，越能肯定自己，
就會自發地用行動控制不被影響，
尤其在進入一段帶有承諾性質的關係，
你會更有心理準備。

這篇文章不談開放式關係，而是涉及「欺騙」的三角戀情或多角關係，關於出軌者和第三者這兩個角色，開頭就先直奔重點：一個人如果太需要被肯定，擅長逃避和欺騙自己和他人，基本上他的感情和事業到頭來都會極度不幸。我這裡的「不幸」指涉的是一種情緒狀態，他們要不精神壓抑過頭，要不累積過度，某天火山爆發，傷害他人或自己。或是，他們會終生困在一段依附關係或上癮行為，久久無法自拔。

我有兩個男性朋友，瞞著女友在外頭有小三，他們是好兄弟，聚在一起話題總是「我要如何讓女友／妻子不要發現」及「我要怎麼安撫第三者乖乖安於她的位置」，這是他們堅定無比的義氣，他們希望這段美好三人關係維持原樣，說穿了，這番美好就兩位男子自行享受，對自我陶醉的小三跟不知情的原配來說，什麼享受都沒有。

兩個男人分別來找我算塔羅牌。

牌面形成能量狀態，我告訴兩位面色緊張，像是等待彩券開獎的爺們：「假設被老婆發現出軌，她們都會原諒你們。」

更甚，其中一名男子的老婆早就知道他出軌，但是有了孩子，她愛莫能助。

代表原配心態的塔羅牌是猶豫不決的寶劍八逆位，顯示她根本不信任自己有能力獨自撫養小孩、不相信自身有極大潛能可以發揮，於是自我催眠是為愛奉獻的聖母瑪利亞，卻忘了瑪利亞起碼生的是救世者耶穌，她養的卻是背叛者猶大。

問完原配，男人們問到「第三者能不能掌握得住」。

第三者的能量狀態和原配的意外雷同，兩個小三都是自我催眠達人，自認和心愛的人是「開放式關係」，是一個在愛情裡很前衛的行為藝術，沒想過原配根本不知情整件事，這並不是開放式關係。

我訝異的是，在聽完我的塔羅解說後，兩名出軌男子的反應有志一同。「好險！她們就是這樣！但我跟妳說，我想的也是如此，根本不用算牌。」兩名出軌男子的誠實自白，我觀察到今天無論出軌方是男性或女性，人類到底是慣性動物。

部分第三者，很常會認為對方深愛自己，尋思伴侶無法扶正自己，內心必有萬般不得已，市面各種占卜才會相應而生，小三小王都想知道對方苦衷、理解伴侶難處，願意等待再等待。

但實際上，某些（其實是多數）出軌方，他們現階段就是沒有對你深愛到願意為你放棄原有關係，才會讓你這麼煩惱嘛！甚至，如果可以和你上床就好，又可以約會維持現況，已經在做男女朋友的事情，幹嘛還要把你扶正？

原配，反倒是出軌方最糾結的存在。

我最喜歡問出軌男女，你們愛原配嗎？通常會來占卜的人，都是內心有糾結才來，對方不意外會回答：「我很愛我的伴侶。」大概有七成是如此，很少例外。但接著我好奇問他們，既然你說你愛原配，又幹嘛欺騙她？這些人難免支支吾吾半天。

剩下三成說「不愛原配，想跟小三在一起」的男女，一成想問能否順利無縫接軌，一成想知道可否安全擺脫原配和其家族的糾纏，最後一成，則質疑小三到底有沒有比原配更適合自己，兩個對象對他們都是一種投資，就怕石子越撿越小。

回歸核心，人類終究是慣性生物，能夠維持就不會想改變。

固然問題千變萬化，出軌方的內在議題多數想掌控全局，假設能保持不變三人行自是最好，一如給我算塔羅的那兩位男人，他們興高采烈地告訴我，自家原配的個性都很好控制，就算出軌被知道，哪怕大哭大鬧，在論壇和網友糾結我家男友到底是肉體還是心靈出軌，到頭來都是會再給機會。

第三者，她們就更好搞定，時間久了，身體膩了，吵著要走，何樂而不為？反而最麻煩的是鬧到正宮那裡，既然正宮有利用之處，我就棄車保帥，小三再找就好。

出軌者大多對自己沒自信

過去和一名男人辯論，他非常喜歡說服我「人類就是控制不了欲望的動物」，肉體出軌實乃人性常態。

弔詭的是，我看著他享受現代各類哲學、科學、神祕學等理論帶來的學習紅利，臉書頻頻發文講究邏輯驗證，聲稱懂得思考才是人類價值云云，看的更是追求意志至上的老子和尼采，一邊卻和我扯人類是控制不住自己的動物。

我都取笑他是「文明自助餐」，想著若這男人從小看的是佛洛伊德，或是一路茹毛飲血長大，倒不會覺得他自相矛盾。

莎莉·魯尼（Sally Rooney）的著作《聊天紀錄》講述一段出軌關係，男主角尼克和女主角法蘭希絲起初瞞著妻子梅麗莎偷情。尼克深愛妻子梅麗莎，是因和她患難與共，感恩對方陪伴自己經歷憂鬱症低潮，然而，尼克也說他愛女主角法蘭希絲，她能夠帶給自己快樂，相處起來輕鬆無負擔。

《聊天紀錄》後半段，尼克索性不和妻子隱瞞，三人發展開放式關係，最終宣告失敗。

我現在想要聊的是，如果依照《聊天紀錄》前半段的尼克，外加算塔羅牌的兩名男性，或許讀者會覺得他們是渣男吧？然而，我很早就說過，我寫這本書就是不想批判一個人「渣」或「不渣」，而是希望每一個出軌方都能從自身行為和言語中，好好正視自己，不找任何藉口，用心看清楚。

當涉及關係裡的「欺騙行為」，涉及到「不誠實的自己」，你就必須思考你為什麼要這麼做？為什麼要選擇騙？你擔心失去這段三人行背後的心理狀態是什麼？另外，當你內心產生出原配和小三「很好掌控」的心態，又呈現一個怎樣劣根性的你？

歷史和娛樂圈出軌的男男女女，族繁不及備載。

心靈出軌方面，我們見到真心深愛卡蜜拉、不惜和戴安娜王妃決裂的查爾斯王子；至於肉體出軌，許多國內外知名天王、音樂才子等人早已為我們血淋淋示範，讓我們恍惚合理化某位巨星說的「出軌是全天下男人都會犯的錯」是人性真相。

可是人性哪有這麼絕對？我們怎能忽略國際影帝梁朝偉、影帝宋康昊、導演李安和奉俊昊、韓國國民MC劉在錫、奧斯卡影帝馬修．麥康納、周潤發、劉德華、張學友、任達華等人，這些人的夫妻關係數十年如一日，演藝事業更是長久不墜。

我們仍能真實見到：有的人就是會出軌，有的人就是可以「不需要靠欺騙伴侶來出軌」或「沒打算出軌」。故而，人類會被獸慾完全蒙蔽雙眼的論點，無法在每個人身上成立。

相較那些尊重伴侶關係意義的名人如梁朝偉、李安、奉俊昊等人，我認為其他會做出「隱瞞式偷情」的人，男女不拘，無論肉體出軌，又或是硬要堅持不誠實的三角關係、卻遲遲不肯做出決定的心靈出軌，一律顯示當事者內心的自我價值感極度低落，或被社會框架影響。

捷克裔法國作家米蘭・昆德拉在傳世名作《生命中不能承受之輕》完美詮釋出軌者的心理狀態，男主角托馬斯透過和愛人特麗莎的情誼，及跟各種出軌對象的性愛關係，挖掘到任何形式的出軌者，其實都反映自己的內在問題。

男主角托馬斯，不願意服膺伴侶關係內所伴隨的責任，直言這是一種框架媚俗，他瘋狂愛上女主角特麗莎，又不想承擔家庭義務，於是向特麗莎說出「我愛妳，但我不屬於妳」，然後不斷和其他女人偷情。

最終，當托馬斯感受到真正自由，卻發現沒有任何責任重擔的那一份「輕盈」，才是讓他變得漫無目的且空虛至極的關鍵，原來伴侶關係所隱藏的尊重及承諾，哪怕在雙方心裡是沉重的存在，然而，扛責任雖然不容易，卻是支持彼此走完餘生的關鍵，它可以是一個心的歸屬，是愛的實踐。

反而在出軌的過程，托馬斯漸漸看見自己的內在匱乏。他看見自己需要獲得第三者的鼓勵來肯定自身價值；他看見自己渴望「被需要」的感覺，底層邏輯是源於不自信；他看見自己原來不是真正熱愛自由，而是想透過肉體依附來釋放征服欲。

許多出軌者的內在信念，多數是自我價值低落，自己卻不願意意識到。

越能肯定自己，就不容易被影響

另外，自我價值和才子與富豪無關。

許多才子和富豪皆有嚴重靈性未開發，自我價值極度低落的狀況，畢竟在看到自己竟能通過才華博取關注，獲得世俗定義成功，一旦才華被世人稱讚，這會讓部分成功的才子才女或企業家，他們之後在「看待才華」的視角變得不健康。

站上成功巔峰的他們，精進專業的態度不假，認真努力也不假，但是他們這種「過分努力」的態度，多半雜糅「在乎外界關注」和「亟欲證明自己」的匱乏在其中，反讓他們忽略掉其內心深層的不安全感並沒有獲得照顧，也讓他們無法專注遵循內在的喜悅做事。

哪怕事業成功，才華受到青睞，可一旦工作成績稍微停滯，他們就很容易認為自己的價值被貶損，於是就像跌入黑洞般努力追求成功，再來便是惡性循環，一邊追名逐利到極度焦慮，一邊投入酒精、性愛或出軌成癮，以此讓自己能稍微掌握控制欲，從中建立自信，或是成為紓解壓力的管道。

奧斯卡影帝馬修．麥康納在自傳《綠燈》寫道：「自我永遠是我們唯一的同伴，我們照料自己，並再度與自我交好；接著當我們回到文明，才可以更有效地照料自己的需求。」

我最常聽見的出軌說法，就是**「道德本來就是人類規範」**的，很多人會試圖合理化自己出軌和當人小三的行為，然而，請記得我們不是野蠻人，已經受過完整國民教育，包括你買下這本書並且閱讀的此刻，足以證明你是一個會思考，不會只靠下半身欲望來行動的人。

我們常常在罵別人吃自助餐，我們又何嘗不是？當我們已經享受文明帶來的好處，必然也會受限於文明招致的條條框框，難免會被社會既定價值影響，覺得要做到多少才會有人給我機會、要越多妹子愛我顯示我寶刀未老。

世俗價值存在的前提下，一個人會想獲得別人肯定、沒什麼安全感，我認為都是必經過程，但如馬修・麥康納所言，**唯獨好好認清與照顧自己，你才不會因失去自我價值而被迷惑，需要靠外部手段填補自己，到頭來走向自毀。**

你越清楚自身狀態，越是能肯定自己，就會自發地用行動控制不被影響（畢竟你確實不會被影響），尤其在進入一段帶有承諾性質的關係，你會更有心理準備，知道經營關係必然會有不自信時刻，但這都不能合理化你刻意欺騙和傷害他人的出軌行為。

李安、梁朝偉、任達華、劉德華、周潤發、劉在錫，我不曉得他們與伴侶間私下做多少努力，但能和伴侶維持數十年互相尊重的男人，對我來說不只懂得愛的藝術，重要的是靈性已經完全打開，那是真真正正充滿自信、內在擁有飽滿安全感、願意克服己身劣根性的男人。

他們事業會不容易衰落，那是必然，畢竟靈性打開，你就會下意識傾聽內在聲音，時時反省自己，做出適合自己工作取向的判斷。

喚醒自我價值和靈性，跟貧富才氣無關，端取決你在徹底凝視自己後，選擇做出行動蛻變，學習不再執著外人眼光的肯定，你會誠實對待自己和別人，不會互相欺騙，選擇一個「適合你性格」的情感關係和工作內容。

寧願清醒沉淪，都勝過閉眼裝死

與其閱讀各種攻心獵男獵女術，
我更希望你研究的，是自己到底為什麼這麼想要這段關係？
你是真心愛他整個人？還是深愛和他相處時所帶給你的感覺？
享受這份感覺的後端，有沒有可能反映你內在的某些缺乏？

心血來潮，到信義區貴婦百貨的咖啡廳工作，旁邊坐著兩個打扮時髦、妝容精緻的婦人，年紀目測約四十歲多。

聽著她們交流買名牌包的心得，偶爾穿插抱怨伴侶，因為當天是平日上班時間，我心想這應該就是所謂十指不沾陽春水的貴婦太太，腦補她們應是趁著丈夫工作、孩子交給保姆的期間，跑出來和姊妹忙裡偷閒。

直到後面，她們再度認真討論自己的「伴侶」，我就被對話震驚了，一邊認真偷聽，一邊在電腦做筆記，因為我曉得，這是我平常難以觸及的世界。

她們是兩名情婦。

情婦A表示，去年男人買一棟房子送她，最近剛好對方生日，她就在思考要買什麼回禮，言及於此，情婦A還笑著和姊妹說玩笑：「用他給的錢買禮物送給他，不曉得他會不會覺得很奇怪，反而不收呢。」

另一個女人B回應，這有什麼好不收？男人當初願意送妳錢，這筆錢就已經是妳的了，妳要怎麼用，他向來管不著。「反而難得見到妳用在他身上，他一定很開心。」她說。

「我有時候都這樣對我家那個，去年他生日，我也是用他的錢買一台特斯拉給他，他老婆也做不到像我這樣。」

只是聽完情婦B的話，情婦A的笑容卻有些黯淡：「我是想讓他知道我有感恩的心，我不想讓他覺得他一直對我付出，我卻什麼都無法給他。」

情婦B再度給予安慰：「沒有關係，我們能給的東西，是他們老婆給不了的，他們的太太都是無聊的人。」

「不像我們，我們能夠讓他們開心快樂，覺得來到我們身邊就很放鬆、跟我們也比較有話題。我們就繼續這樣就好。」

天吶，這段對話我以為只有在韓劇《夫婦的世界》或《黑暗榮耀》才聽得到，如果不是親耳親眼所聞，每每聽到這些韓劇台詞，我都想說是編劇瞎掰，足見人生如戲，甚至比戲荒誕，我真是巴不得她們多講一些。

然而，正因現實人生通常比戲劇荒謬，多半毫無邏輯可言，我本來以為兩名情婦將繼續交流偷情的逍遙愉悅，能讓我多蒐集一點有關情婦的素材，豈知兩女話題急轉直下。

因為情婦A嘆息：「可是妳想，我們跟他們的狀態都繼續六年了，他們好像都沒有要跟太太離婚的意思。」

我心裡悚然。兩名情婦，她們和男人的婚外情都是長達六年以上，男方沒有想要把她們扶正的意思，說詞皆是卡在孩子還小和工作繁忙。

情婦B的狀況更加棘手，男人原配長期有憂鬱症病史，男方直接向她挑明，說心裡就是放不下原配，不可能離婚，自己願意在物質和情感上對情婦B負責，但她也只能藏於地下，名分是不可能了。即便如此，情婦們都沒有想放棄的意思。

我聽到她們開始聊起媽祖，人們多數在萬念俱灰或迷茫的狀況下，就會想要一直依賴神仙。

「我去年跟今年一直都有拜媽祖，媽祖都要我順其自然，要我等待，等到後面就會有真相了。」

情婦A說完，情婦B積極插嘴，說自己也在拜媽祖，因為拜月老沒有用，我心裡嘆息，妳們拜月老當然沒用啊，妳們是介入別人的業力關係耶，婚姻之神不會干預，可是即便改成拜媽祖，媽祖要她們等待，但倘若她們這麼焦慮，最終也是等到一片蒼茫。

只是聽到這邊，我的內心有了一份憐憫的心。

兩名情婦的聊天內容，終歸是抱團取暖，話語呈現的是反反覆覆的焦慮，所有用男方金錢買來的名牌包、華服和高級下午茶，對她們不像享受，更像是一種情緒補償，以此來證明自己是被男方偏愛的。

她們依然無法甘於現狀，她們不想要自己永遠見不得光；她們想從假貴婦，變成真貴婦。甚至，情婦B還對情婦A說：「這些話我只敢和妳講，我知道只有妳能夠理解。」

她們清楚她們做的行為，是無法誠實且光明正大地對別人講出口，她們沒辦法做到像英國卡蜜拉家族一樣，生生世世以做情婦為傲，甚至，卡蜜拉最終還扶正成為皇后，她擁有等待近二十年的耐性。

但是這兩名情婦，她們的以為，並不是她們靈魂的以為。

爭輸贏、被需要，大多反映出自我價值不足

上一篇談論「出軌者」的文章內提到，當我們無法對他人和自己誠實時，就

必須往下探尋自己更深，因為你為自己找的理由，通常不是你的靈魂這麼認為，這個概念放到「第三者」身上也是如此。

許多第三者會說，沒有，我是真心深愛對方，當對方小三不以為苦。但是，既然你是全然抱著這種「歡喜做甘願受」心態，這件事情根本不會成為你的苦惱，你就開開心心當暗不見光的小三，到底找我抱怨幹嘛？

今天一個人會來看關於第三者的相關文章，代表他確實在「當第三者」這個狀態裡產生恐慌，一件事情已經在你的心中萌生不平靜的情緒，其後必然存在一個你想達到的目的，只是現階段期待落空，要不然就是這個期待時有時無，讓你掌控不住。

與其閱讀各種攻心獵男獵女術，我更希望你研究的，是自己到底為什麼這麼想要這段關係？這個人為你帶來怎樣的感受？你是真心愛他整個人？還是深愛和他相處時所帶給你的感覺？既然是一種感覺，享受這份感覺的後端，有沒有可能反映你內在的某些缺乏？

還是你喜歡的是一種掠奪感，那你也必須釐清這個搶奪心理的源頭，畢竟人生很多時候就這樣，今天你搶到東跟西，心裡開心，未來搶不到南跟北，然後你就不開心，陷入輪迴般的自棄。

這邊排除掉快快樂樂當一輩子小三的男女（都快快樂樂了有什麼好說），一個人在當第三者的情況之中產生矛盾心理，其遭遇處境千萬種，相關文史哲故事也是數以萬計。

女權主義的先驅者瑪麗．沃斯通克拉夫特（Mary Wollstonecraft），其著作《為女權辯護》至今仍是女性主義經典之作，她早年戀上大她十八歲的已婚瑞士畫家菲斯利，兩人有段不倫戀，瑪麗跑去向男方請求：「希望你能夠娶我為妻，哪怕是精神上的妻子也好。」並提出想和菲斯利及其妻子進行一段三人行，最終遭菲斯利的太太拒絕，瑪麗旋即斷絕念想。

從瑪麗．沃斯通克拉夫特向男方告白的這段話得知，她深愛男方的理由，是男方能夠滿足她的精神需求，無關對與錯，但我欣賞她尊重男方妻子的意願，她明白所有的關係都必須奠基在誠實之上，才是愛的本源。

我某個朋友G曾經當小三、享受偷情快樂，卻帶有深重負罪感，成天幻想不知道來龍去脈的原配好可憐。

我告訴她，請問妳怎麼曉得原配很可憐？搞不好人家發現自己被劈腿，根本就斷然離開這個男人，擅自揣測原配想法的妳，自戀自大到極點，還藏著一種連自己都沒意識到的聖母情結。

另外，我過去也在不知情的狀況下當第三者，交友軟體認識一位自稱單身的男性，對我不懈追求、照三餐問候，一個月就陷入情網，後來才得知對方有個交往多年的女友。

攤牌之後，男方半哄半騙說會解決，默默將我刪除封鎖，其實這是他的一種解決，我怨不得人，畢竟當初是自己沒有花時間觀察，然而，我卻從這段關係裡覺察到我愛上對方的原因，是從對方的花言巧語中感受到被需要，本源是涵蓋對自己的不自信。

作家張亦絢提到一則故事，女主角男友被閨密搶走，閨密和女主角說，自己太崇拜她，於是想蒐集她的所有東西，包括她的男友；台劇《華燈初上》的兩位女主角為同個男人爭搶，其中一位則含有爭輸贏的心理。

上述例子，都是冰山一角。

但無論是找尋精神需要、莫名自戀自大、沒有自信、偶像崇拜心理，抑或爭個輸贏，上述諸多精神狀態，其反映的皆是對自我價值的不夠確立，實際上，**抱著無法完全肯定自身價值的心理狀態下進入任何一段關係，最終同樣會以類似問題宣告終結。**

不對自己感到心虛

判斷是否自欺欺人的關鍵，是你到底能不能坦率地說出你的作為。

倘若內心就是有懷疑不安，那麼代表你的靈魂，其實不認同你的作為，又或你對你自己的做法，現階段仍然沒有一個穩固的信念系統。

任何感到心虛的想法，就是一個認識自己的方式。

每次講到當代知名情婦，我都喜歡以卡蜜拉家族為例，卡蜜拉家族不是第一次當情婦，且她們對自己「當情婦」這件事有一套脈絡完整的世界觀，她們絲毫不在乎會不會被扶正，她們可以發展自身成就，但也一邊服膺父權體系的對價關係，兩邊悠遊自如，她們很是清醒。

卡蜜拉的曾祖母艾莉絲・克培爾是愛德華七世的情婦，當初得知英王愛德華八世寧可退位也要迎娶辛浦森夫人，她還嗤之以鼻，表示在她那個年代根本就不複雜，國王娶皇后，也會結交情婦，大家都曉得這種傳統。

她更說出一句名言：「我們就是向國王行屈膝禮，然後跳到他們的床上。」顯然對自己的情婦身分相當坦誠。

但重要的是，卡蜜拉家族的情婦傳統會這麼完整，且讓她們敢於說出口，也是因為原配都曉得，更默許她們的存在。

任何關係會變得光明正大，都是三方誠實。

除了戴安娜，嫁進來才發現卡蜜拉先來，自己是後到，可是一切都來不及，這段皇室婚姻乍看是查爾斯的問題比較大，但是查爾斯當初的隱瞞，背後也牽扯進皇室眼光，他跟卡蜜拉才是真正相愛的一對，礙於卡蜜拉家族的情婦歷史，加上她當時也有伴侶，對皇室來說不是什麼光榮聯姻的選擇。

我很久以前就說過，靈魂對人類的道德價值與欲望流動是沒興趣的。靈魂來到地球的目的，只是想要引導意識（就是我們）遵循內在喜悅去愛人、去做事，靈魂的愛通常是不帶期待與依附，就像有些人寫作，他是為自己而寫，發自內心深愛，不會期待時間與成果，這是純粹的遵循內在喜悅。

或許，卡蜜拉也深愛查爾斯，再加她曉得查爾斯愛她，所以她不著急。

然而，回到我在信義區遇到的這兩名情婦，我發現她們其實心裡很急，已經被嚴重干擾情緒，而這就是一個要**「學習看見」**的契機。

你要曉得，如果你真心愛他，你會尊重他就是不扶正你，不會為此擁有期待。

可是你甘願嗎？倘若不甘願，那麼你就要搞清楚這份執著的背後是藏著什麼？是占有嗎？如果是占有，其背後是否和金錢匱乏、缺愛匱乏有關？你要一直問自己問題。

先對自己誠實，再來做選擇

一定要記得，如果你不快樂，你要對自己誠實。

你可以對別人說謊，猶如張愛玲〈第一爐香〉的女主角葛薇龍，認為靠自己努力太辛苦，寧可當交際花賺快錢，最後嫁給花心大少喬琪喬，故事結尾終於承認自己是高級妓女，但前期嘴上還是欺騙自己「我是愛他的」。

是的，我認為你可以對別人說謊，可以不向別人承認你的貪婪、虛榮跟自私，沒有關係的。然而夜深人靜時，你依然要對自己誠實，反覆問自己問題：我為什麼愛他，但我明明不快樂？

當你一直問你的靈魂，問下去，你的靈魂會給你答案。接下來就是你的選擇。

我認為只要看見了，你也可以選擇沉淪，讓自身天命就此侷限，在於靈魂的胸懷很大，你如果讓自己活得不開心直至老死，對靈魂來說，這同樣是一個美麗劇本，一個沿途把自己搞殘走向破敗，終生沒有活出天命，一輩子活在陰影底下的破爛藝術品，依然是一個美麗的藝術。我始終相信，人活著就是藝術，就是一本本小說。

一個人把自己活成悲慘偏激的《人間失格》，又或成為王道漫畫中的女王逆襲，以宇宙的全觀論來看，宇宙有象徵幸運的木星，也有深不見底的黑洞，不管怎樣都是極美。

可是你必須「先看見」，你必須知道你想成為木星，還是想成為黑暗物質，不要跟多數上一輩的人一樣，什麼都沒看見，被欲望蒙蔽卻自欺欺人，用各種理由包裝你的軟弱。

寧願你先看見自己的執著，再來做出決定，沒關係的，就好好承認你並不愛自己，不想活出自己，就是想服膺父權社會的宰制，其實今天一個藝術家打算做出一個破爛藝術，這個前提也是——他明白自己的主題就是畫出地獄，但他甘願。

寧願清醒沉淪，都勝過閉眼裝死。

甚至，我還認為清醒沉淪的人，也不失為一種勇敢。

太自私的伴侶不行，但「太包容的伴侶」更恐怖

當一個人用「無條件包容」取代「耐性溝通」時，我建議你審慎思考，這段愛情到底健不健康？以及你真的想要一個人總是這樣處處讓著你，讓到他完全沒有界線？

採訪結婚多年的明星夫妻，問他們婚姻維繫法則，九成九都會聽到「配合」的重要性，伴侶不可以自我意識太強，各退一步海闊天空。

這群夫妻的理論確實不假，市面上長期推行「包容忍耐」價值觀，使得多數人在談感情的時候都曉得要寬容、知道不可以自私自利，也會設定目標想要找一個盡量配合自己的人，聖歌不也提到，愛是恆久忍耐又有恩慈嗎？

許多事情都是過猶不及的。

伴侶絕對不可以挑太自私專制，但若是太包容，其實也會成為一個大問題。

不論哪一種關係，都不該「無限包容」

朋友最近和男友分手，男方向來很疼愛她，總是帶著她吃好喝好、下班接送、每個節日都會製造驚喜，限時動態經常見到朋友曬出幸福滿滿的影片和照片，因此聽到分手消息，周遭人幾乎都是大吃一驚。

一次聚會聊天，眾人詢問朋友：「他這麼愛妳，為什麼還要分手？」

朋友聞言回答：「就是因為太愛我了，所以必須得先分開。」

她透露和男友長期都有家庭觀和金錢觀的差異，然每次開啟討論，兩人溝通頻率就是對不上，且伴隨氣氛變沉重，男友為怕朋友生氣，不是打哈哈帶過，就是直接安撫，試圖中止話題。

起初，朋友會被男友的搞笑舉動逗笑，但問題並沒有獲得解決，雙方價值觀的根本差異依舊擺在那裡，致使換湯不換藥的事件反覆發生，接著男友繼續用插科打諢的方式帶過，但事後想想，伴侶根本是拒絕溝通。

若往更深一層去探索，為什麼溝通不良，是不是有可能他們本質上根本就不適合、思考邏輯並沒有在同個水平線上？

朋友不認為這是一個健康的感情關係，決定提出分手冷靜。

她問我：「就算雙方再怎麼妥協，關於伴侶，是不是不適合的就是不適合？」

我認為世界上並不存在一個「完全適合」的伴侶，但的確有「磨合差異性大小」之分。

曾經專訪政務委員唐鳳，他提到伴侶是真的有分「比較適合」跟「比較不適合」，他的看法我是認同的，就像你出國旅行，必然會有某些國家待起來較為舒服，另個國家則必須花點時間適應。

國家都如此，人當然一樣。

但我仍舊願意相信，差異性過大的伴侶，不代表他們就無法在一起，更不代表他們在一起就絕對不會幸福，根本關鍵確實是建立在「溝通」上。

關係最大的修練莫過於此，若是「本質極度不適合」的伴侶，雙方思考邏輯不在一個水平面，各自世界觀均難以撼動，此種狀態溝通起來真的是非常、非常地困難與疲憊，容易秀才遇到兵，需要彼此強大耐性與傾聽能力。

如果沒有長期抗戰的心理準備，趁早放棄是真的。即便價值觀南轅北轍，但如果你和伴侶都擁有想堅持下去的心，那麼最不應該做的就是「無限包容」，否則到頭來包容的那方會失去自己，被包容的那方也會迷失，成為一個被寵壞而不自知的人。

當兩方都不像自己，這段關係只會越來越糟。

《易經》中有個卦象叫「巽卦」，講的是關於「順從」的哲學，能夠遇到彼此交互妥協、來回溝通，有時你進一點，有時我退一點，大家都先傾聽再反芻、努力找尋中和的方法，於關係自然是好的。

可是，巽卦的第三爻辭還是有警告：「頻巽之吝，志窮也。」

卦象講的是，如果頻繁順從、充滿勉強與迫不得已，那麼最終容易走到窮困之地。放到感情同樣說得通，光是單方面配合與妥協不見得有用，不但有可能會成為關係停滯的兇手，甚至到最後，也許是容忍的那方大爆發，局勢變得更失控。

太自私的伴侶當然不能要，但太包容你而失去自己的伴侶同樣存在風險，畢竟一個人曾經有多麼瘋狂地為你付出一切，當容忍到了極限，他同樣也會毫不猶豫地離開這段關係，留你一個被寵壞的人在風中凌亂。

當一個人用「無條件包容」取代「耐性溝通」時，我建議你審慎思考，這段愛情到底健不健康？以及你真的想要一個人總是這樣處處讓著你，讓到他完全沒有界線？

如此這般的你，又難道是真心愛他？

容貌焦慮，卻自欺欺人的人們

所有人類，尤其女人，
當我們意識到自己正處於賤斥身體的狀態時，
請對自己誠實，不要用愛自己、我想幹嘛就幹嘛當藉口，
這是侮辱了「自我」的本質。

書店翻到一本書，翻開目次，瞧見裡頭有「容貌焦慮」的章節，好奇翻來一瞧，不翻還好，一翻嚇出渾身雞皮疙瘩。

作者提到，人類愛美、追求美感是天性，任何一個在健身房努力維持苗條曲線、平時忍住不敢享用美食的女人，還有那些整日狂敷美白面膜、頻頻跑去醫美施作美白針追求皮膚白皙的女孩，都是一群「很愛自己」的女人。

有時一個人想要站穩自己愛美的論點，都會回歸到「愛自己」身上，這件事

沒有對與錯，但我認為作者最讓我訝異的，是她字裡行間暗示另一群沒有太認真追求身材曲線、膚白凝脂的女人，她們就是懶女人，就是不愛自己。

我經常在專頁提到一件事：**你以為你想要的，不是你靈魂真正想要。**

我們人類潛意識的世界，九成超乎我們想像的神祕難解，故而，一個人願意撥開層層迷霧，不斷追問自己問題，試圖探尋自身行為背後的軟弱與貪婪，誠實面對並願意反覆調整，是一件堪稱勇者的行為，因為世上有九成九的人是不敢直面劣根性，寧願為自己創造一個安全理論待著，自欺欺人掩飾「根本不愛自己」這件事。

容貌焦慮，是一個幽微曖昧的地帶，它會悄然無聲地馴化每一個男人和女人（多數是女人），讓他們見到自己身材日趨完美，整型整得像芭比肯尼，恍恍惚惚誤解是愛自己。

坦白說，這些人整型過後的開心快樂，那還真不是假的，但也容易讓他們忘記繼續下探、好好進行靈魂拷問：請問我為什麼整？我整出來的這個臉蛋跟身材，到底是我真心喜歡？還是只是為了服膺主流的父權審美？又或，我是因為整型整到被父權社會認同，我才開始變得喜歡自己？那麼這樣的喜歡自己，難道又是真心喜歡？

《與狼同奔的女人》，這部被譽為繼西蒙．波娃《第二性》後女性主義的權威經典，其中一個章節便提到「容貌焦慮」。

詩人暨榮格分析師埃思戴絲博士直接在書中點明，一個女人如果不願意認同自己的身體，無疑就是和內在靈性脫鉤，厭棄自己的外型，就是在賤斥萬千前世大地母親的身體，而當一個女人的外型被改造得和社會其他女人一模一樣，就是和內在的野性靈魂越來越遠，失去靈性、毫無創造力、沒有個人魅力可言，是一種被父權社會規訓的悲劇。

「摧毀女人跟自己原生身體之間的本能聯繫，無疑是騙奪她的自信。它會令她固執在自己是否是一個好人這件事情上，並把自我價值建立在外貌，而非自己真正是誰的基礎上。它會迫使她因為憂心自己吃了多少食物，以及計較磅秤和捲尺上的數字而耗盡氣力。」

「它會占據她的心思，影響她的所做和計畫，我們實在難以相信女人會如此專注在外貌上而活著。」

以上是埃思戴絲博士的犀利論述，我是相當認同。

一個女人過度在乎普世審美，不惜跑去將自己整得和其他女人同個模板，到底有沒有靈性？答案誠如奧斯卡影后芮妮．齊薇格所言，自己長年整型整到被笑，總算在五十五歲幡然醒悟，覺得根本不需要醫美，這是她過盡千帆的洞見，一個人不願意擁抱原生身體，無疑是靈性的消逝。

再說以靈魂角度來看，每個靈魂來到世界上和意識（本我）相遇，就是要引導意識跳脫世俗框架、勇敢遵循內在狂熱，以便去揮灑想像力。

容貌焦慮，就是一個需要掙脫的文明框架之一。

真相是，你的鼻子是圓是扁，胸部是A還是E，靈魂根本完全不在乎，因為肉體到頭來始終是假的，我們終將灰飛煙滅，而靈魂透過我們留給地球的創造力，例如，賈伯斯因為他的腦洞和創意發明 Apple 電腦改變世界，那才是真的。

你為什麼焦慮？

很多人會為容貌焦慮找許多方法緩頰。

看過一些演員和模特兒半開玩笑，說現在「外貌」是實力一部分，整型可以為自己創造機會，乍聽有道理，但該論點依舊有盲區。

以演藝圈來說，一個演員擁有天生討喜的外表跟氣質，還真是老天爺賞飯吃，但這又是整型整不出來的，大家可以觀察有多少人整成大美女，氣質看起來依然不討喜，沒貴人就算了，小人還一大堆。又或，我們看到有多少一線影帝后的外型不符主流審美，而又有多少整得跟塑膠一樣的女孩，在演藝圈苦熬多年卻苦無機會，數量多如過江之鯽。

身邊好友多是娛樂記者、導演、製片、經紀人，哪怕是演員和模特兒本身，大夥兒皆對「容貌」領域有過大量討論，結論仍歸向一點：會覺得不符合主流審美而去調整，他們心情怎麼樣那是他們，唯一確定的是，那純粹是實力還不夠，或是機緣未到。

演員跟模特兒很辛苦，這個行業經常被選擇，我不會想要對這群人苛刻，人家想要微調，不要搞得內心不快樂就好。

可是，他們也要清楚自己必須更增進實力，在於這邊必須強調，倘若我們會將「外表不夠好，所以禮貌整容」視為中性討論，那麼「實力不足」這件事自然也能視作中性討論，一個人改變外型是想取巧？是想服膺主流？還是自己真心想要，都是要在內心有一個通透的覺察。

然而，話雖如此，我還是做不到像埃思戴絲博士那樣，把話說那麼嚴重，哪怕我曉得她講的是真相。

我清楚對很多年輕女孩來說，假設她現階段就是靈智未開，假設她明明就不愛自己，你硬是逼她不要容貌焦慮、逼她接納身體，反而會對她造成痛苦，是一件極其殘忍的事。

許多女人現階段距離真正的野性女人就是有很大距離，即便她們心心念念想成為野性女人，但現在就是做不到嘛，幹嘛這樣逼人家啊？甚至，包括我，我長年也在面對自己的容貌焦慮。

我最大的容貌焦慮，就是我的痘疤，我做過皮秒雷射、淨膚雷射，各種都沒有效果。直至後面我觀察到，我狂打痘疤雷射，是因為我懶。我想去打各種雷射，是我想要求速成，我想要趕快看到成效，這背後就是我的容貌焦慮，我想讓自己看得順眼，但這個「看得順眼」底下卻藏著一個心理：我如果「只要自己」看得順眼，請問我是在急什麼？

所以，我根本不是只要我看得順眼，我還是在乎別人想法，希望別人看到我是美麗的，是我自己沒有意識到。

層層劈開荊棘，哇靠，高瑞希，妳這個女人超級沒有靈魂的。

既然妳「只想讓妳自己開心」，既然妳愛自己，那妳為什麼不給自己時間？

妳一直在陪伴自己，妳的靈魂都在等待妳的照顧，祂都不急了，請問妳到底在急什麼？

深刻意識到底層的劣根性後，在保養容貌的動機上，我產生很大的改變。在乎外表，不是不行，我也超在乎呀，因為我清楚靈魂的想像力必須有一個強壯的身體來維持。

我決定重新校正我的生活習慣，選用適合的保養品、美妝品會找質地好的，以及我會去找美容師擠粉刺，用比較溫和的方式照顧，「關注身體變化」所做的保養，我認為才是重要的，有些可以取捨，有些確實要關注。

比方黑眼圈，可能就是我太晚睡；比方原本沒有痘痘，現在卻有，是因我的飲食攝取有問題，以及水喝太少；至於身材部分，其實我真心不在乎曲線，但是我每天都有散步習慣，也會做瑜伽，因為可以活絡筋骨、穩定呼吸，有些動作還有暖宮效果，曲線只是一種附加價值。

當我把重心回歸到「照顧身體」的本源後，我就會找方法調整，飲食習慣改變、仔細卸妝、檢視保養步驟，我會不著急，我會願意讓時間慢慢養回肌膚，我曉得我不急了，我先把身體照顧好就好，我不再求快。

接著我發現，我的膚況慢慢好轉，身材慢慢變好，雖然花費時間很久，但看到身體正在恢復健康，我其實很享受這個照顧自己的過程。

如果你把動機擺正，不著急，給你的肌膚和身體一點時間，其實你還是會得到你想要的美麗。

不為別人，請對自己誠實

上述刨肉見骨的拷問，就是一個和內在對話的過程。

主流價值的狀態，就是會讓我們反反覆覆陷入身材、臉蛋以及年紀的焦慮，實際上，如果今天一個女孩說她想捨棄醫美、學習愛自己，結果最後依然跑去計較體重數字、重新施作醫美，我仍舊覺得這是正常現象，人類就是在「愛自己」

跟「不愛自己」之間來回擺盪。

我知道這條路是過程。只是我盼望的是所有人類，尤其女人，當我們意識到自己正處於賤斥身體的狀態時，請對自己誠實，不要用愛自己、我想幹嘛就幹嘛當藉口，這是侮辱了「自我」的本質。

可是，我也不希望大家厭棄自己，認為投奔醫美就是背叛自我，有時候不愛自己又如何？就讓這個情緒來，接納它是你的一部分，再讓它走，這樣就好了，也是一個很棒的練習，來回往復，總有一天會脫胎換骨。

現在見到那些不愛自己、容貌焦慮又自欺欺人的人，我通常是鼓勵他們想整就整，不想整就不要整，直至折磨自己到一定程度，他們自然會頓悟，清楚意識到執著自己的身材容貌，簡直太不快樂了。

與其說接納身體才是靈性，我現階段更重視的是我們都必須對自己誠實，我們要知道自己做這件事，不是源於自我催眠，不是隱藏的容貌焦慮不自知，不是為了追求世俗成功跟機會而去做，那麼我會覺得這些都是可以的。

只是我希望對於多數女生來說，這個體會能來得越早越好。妳們會知道自由是什麼，也能提早開始把心思花在從無到有的創造上，探索除了容貌之外，還有更多有趣的事物，是妳的靈魂非常想嘗試的。

請妳誠實的，望著妳的內在，好好的問問題，問妳自己。

不要對自己說謊。

輯二

自我，才是最好的衣著

害怕跟人相處的人，一輩子都不可能「拓寬自我」

假設你想要擁有一段健康美好的關係，
就是必須重視這份締結緣分的承諾，
具備「心甘情願的合作意識」，
這不能只有你自己做到，另一半也需要如此。

觀察周遭朋友和讀者分享的失敗情感經歷，發現無論是遇人不淑、每次都遇到渣男渣女的人，還是成天朝伴侶投擲負面情緒，將人家當成心理醫生還自覺理所當然，最終總算把一手好牌打爛的人，我認為今天不管哪一種，兩者反映的心理狀態，歸根結柢多是對「自我」的不了解、不自信及不自愛。

任何物質世界所發生的議題，舉凡原生家庭、愛情、人際職場、金錢、性愛、審美身材、事業追求，到頭來折射都是你如何誠實地看待自己，終歸都要回到「自我」身上。

以愛情來論，一個人不了解自己，除了不曉得適合怎樣的戀愛狀態，關係裡也容易被伴侶誤導，或是兩個人瞎忙亂撞後依然行至錯誤方向；一個人不自信跟不自愛，要嘛是有心人士稍微花言巧語就會被傻傻哄騙，後來才發現所遇非人，要嘛就是自我防禦機制太強，錯過真正對自己好的人。

以及，一個人心態不夠穩建，也會擔心抓不住適合的人，或是恐懼錯過普世社會所追求的結婚時機點，沒有花太多時間觀察對方就飛蛾撲火，搞半天才驚覺愛上的是自己投射出來的幻想，不然就是真的被對方的刻意偽裝糊弄。

聽起來挺可怕，一個不懂自己的人，人生到底會走多少冤枉路？可是我又認為這沒什麼恐怖，甚至理所應當，年輕時犯過錯、不自愛、不自信、心態不穩健才是正常現象。

只是關鍵在於，多數人都是踩過一次蛇就多年怕井繩。

我遇過一個朋友，明明才失戀一次，男方根本沒有對她做任何物理傷害，好聲好氣和她談分手，但她始終把自己視為超級受害者，分手六、七年仍舊反覆提及這件事帶給她的創傷，坦白說擁有受害者情結最輕鬆，只要我們一直怪罪別人，一直可憐自己，就不需要正視自身情感匱乏，更不用承受自我蛻變跟自我突破的陣痛期。

今天踩到蛇，多數人關注的都是「蛇為什麼要咬我」和「怎麼會有這種蛇」，而不是「我為什麼一直踩到蛇」或「接下來我可以怎麼做，好避開這些蛇」，通常後者才是迎來幸福的關鍵，因為它會開啟你自我覺察的靈性，同時培養你解決困難的能力。

透過「相處」，才能釐清自我

現在的我，不喜歡把自己放在受害者姿態。因為我過去就是受害者思維非常嚴重的人，結果發現這種思考模式絲毫沒有為我帶來任何好處，請注意我說的是

「完全沒有好處」。

甚至，受害者思考還會把自己陷入某種慣性的行為模式，最常遇到的就是兩種極端岔路：

第一種，你會**過度不願意**配合別人，因為你太害怕受傷，也恐懼舒適圈被侵犯的未知，遂用「做自己」的名號要求對方硬要接受全部的自己，包含你陰晴不定的情緒和所有任性妄為；第二種，你會**過度配合別人**，戰戰兢兢深怕對方生氣，只因不想再次被傷害，這也是受害者情結會產生的行為。

第一種跟第二種看似極端做法，呈現的都是同種潛意識：你怕跟別人相處，你下意識排斥跟別人進一步互動。

尤其現在來到「彰顯自我」的時代，每個人忙著表現自己，將獨來獨往視為獨樹一格，稍微和他人碰撞，就好似天要塌下來般的玻璃心，認為別人就是在針對自己，接著大家就此互相傷害，彼此對人際相處和婚姻關係又更加害怕了。

這些人不曉得的是，「拓展自我」的最終奧義，終究得回到「愛人」。

就像尼采在《查拉圖斯特拉如是說》的開頭，智者兼隱士查拉圖斯特拉，擁有洞悉萬物和人性的宏觀眼神，但他從夢中驚醒，告訴自己一定要走下山，哪怕知道自己面對的將會是一群愚蠢、智性未開的人，他也要教會他們去愛，教會他們勇氣。

又如佛陀和基督這兩位東、西方聖哲，也是需要周遊世界和不同人相處，終至成道，究竟涅槃；西方的蘇格拉底，他的智慧是從在街上和各行各業的人辯論得來；東方的孔子，他的智慧是和學生們相互激盪而來，當然中間他總會遇到嘆息「朽木不可雕」的狀況，但他還是繼續做下去。

人類絕對要經歷和不同人相處的周折，從中覺察反省，嘗試克服困難，才會逐漸釐清自己是誰，透過突破挑戰給自己產生信心，方才離幸福越來越近，靈性才會真正啟動。

繞了一大圈後，當你慢慢清楚自己，我依然相信，如果你想要，你還是會遇到一段健康美好的關係，不過這種「健康美好的關係」到底長怎樣？我想分享我的好友 Cathy 的故事。

Cathy 和她的外國老公結婚九年，目前定居美國，恩愛到連周遭好友都羨慕。一路觀察 Cathy 和老公的互動形式，我認為他們就像兩個獨立個體在談感情。

除了柴米油鹽皆是一起溝通、有分工協作的意識，他們各自明白成年人就是要為自己的生活負責任，包含為自己所選的伴侶負責，於是，既然選擇和你組建家庭，我就會清楚這個「家庭」絕對不是你一個人的事。

他們夫妻皆有**「我們是一體」**的概念。遇到煩心瑣碎的日常雜事，一律誰有空誰就做，同時互相憐惜對方的努力。

他們不會在做完家事就居功，接著怪罪對方做得比自己少；他們也不會在需要幫忙家務事時就擺臭臉，無形帶給另一半壓力，因為曉得家事本來就是大家一起，今天伴侶又不是不會做，你到底在埋怨什麼？

Cathy 和她的外國丈夫對關係的「合作意識」極強，長此以往，也形成他們拆不散的羈絆。

為什麼他們能有這股自信？我記得 Cathy 和我說：「因為我們都很愛自己，當時才會慢慢觀察對方是否適合，相互確認後才在一起，我們知道自己深愛的不是投射，而是真實的對方。」

我問她，你們在婚姻分工上面有委屈嗎？她則提出一個我認為至關重要的觀點：**「認識自己後步入婚姻，那是一部分的自己；可是在婚姻裡，我們會在『和對方相處』的過程，把對方融進自己的一部分，成為一個嶄新的自己。」**

Cathy 這句話很玄，可是萬分重要。

自我其實是「互相」

很多人會以為合作伴隨的就是「自我犧牲」，一個人會妥協，就是不愛自己吧？我過去也是如此認為。

三十多年來經過一些工作和情感上的挫敗，我確定這不是真相。一個不懂團隊精神，不喜歡跟別人合作，哪怕搞合作都「凡事以自己為主」，動不動就跟上司吵架、和伴侶或家人計較的人，這種人表面看似自我率性，但後來我觀察，他們才是最不愛自己、對自己最沒自信的一群人。

正因對自我心態不穩固，他們才會無時無刻認為自身領域受到侵犯，誰誰誰歧視自己（但完全沒有，純粹受害者思維），他們除不願意拓展自我、不願意傾聽跟感受別人，把自己封閉在一方天地，還會永遠覺得資源有限，要是不說點別人壞話，自己就沒安全感。

老子在《道德經》第三十九章，以天地萬物的生成變化，講述關於「一」的奧義。

他寫道：「天得一以清；地得一以寧；神得一以靈；谷得一以盈；萬物得一以生；侯王得一以為天下貞。」

無論是天、地、神、河谷、萬物與帝王，都會懂得「整合才是一」的洞見，倘若天空一直是清明的，總有一天會破裂，各種積雲和霧氣的存在，都是確保天之所以「成為天」的要素，所以後面老子又強調「貴以賤為本」。

一個真正具備「自我」特質的人，必然清楚一個人要成為自己，心態上不要把自己太當一回事，你要清楚自己就是庸才，就是空杯，才會有更涵融的智性去和別人相處，甚至從對方身上學習，看見別人的閃光點。

還有，正因對自己和萬物有一定程度的了解跟洞見，你就清楚與人相處的摩擦不過是萬物流轉的必然現象，抱持平常心即可，你反而會知道群體裡頭的自我絕對包含分享和適時妥協，我們在和其他人相互調整的過程裡，都是在認識自己，心態轉換，對自己都是受惠。

當然，倘若你要找一個攜手終生的伴侶。

習得這個真相的人，自然會運用他的智慧跟智商，辨識那些和自己一樣懂得負責，曉得互相妥協及互助的伴侶，並且閃避掉自私、愛抱怨愛說壞話、滿腦子受害者情結的人。

妥協的英文叫 Compromise，Com 有結合的意思，Promise 是承諾。

任何關係，不只愛情，假設你想要擁有一段健康美好的關係，就必須重視這份締結緣分的承諾，具備**「心甘情願的合作意識」**，這不能只有你自己做到，另一半也需要如此。

但在這個「做自己」已經被拆解成自私自利的時代，遇到這樣的人並不容易，我都已經做好遇不到寧可單身一輩子的準備。

雖然比例稀少，不過說實話，你要找到這樣的伴侶，首先自己就要學習成為這樣的人，在於我們到頭來只會愛上和自己三觀一樣的鏡子，而當你懂得**「自我即是互相」**，你才會有智慧辨識出和你相似的人，一起走向這段正常、健康、恆久的關係。

自我，就是一邊探索，一邊反思

你要對自己有好奇心，你要為自己創造，
而不是想著要獲得他人肯定。
當你把好奇心完全放在自己身上時，
你的探索是為了你自己，而不是想獲得什麼結果。

尋找自我已經變成一種心靈雞湯口號，每個人都曉得「做自己」的概念。之前滑 Dcard 論壇，很多人在上面詢問職場和感情問題，排除掉胡亂愛嗆別人的酸民，多數網友給予當事者的具體建議幾乎是「自己選擇，自己承擔，一切都是選擇」。

坦白說，見到這些言論都滿開心，我從小就討厭老是把「做自己」掛在嘴邊卻說不出具體脈絡的人，今天講一個道理，你不能只講個結果，一直嚷嚷著要我們「做自己」跟「找自己」，可是怎麼做？去哪裡找？不給出一個實際方向就是在唱高調。

終於到二〇二二年，這個「做自己」的理念似乎進化到：對，做自己就必須承擔選擇，一旦活出自己，無論結果如何，都要心甘情願接受跟臣服。

聽起來很乘風破浪，好像每個人對「自我」總算有一點模糊的輪廓。

有句話叫知易行難。現代人生在一個資訊爆炸的時代，吸收這麼多哲學、心理學、腦科學和文學類書籍，對知識掌握度極高，IG、YouTube 和抖音帳號辦起來，每個人都可以在手機前面講得一口大道理，但一路觀察下來卻發現：**很少人能夠真正承受得起自身選擇所帶來的結果**。

每個人都超怕做錯決定，下意識想掌控一切，五、六年書寫下來，收到讀者各種煩惱，問題都不一樣，追溯內在核心卻相通：很多人對自己完全沒有自信。

請注意，我講的是「完全沒有」，甚至到「迷失」的程度。

舉例來說，有的人跟別人搞曖昧或交往，會查一下對方的 MBTI 人格或十二星座，參考對方跟自己性格到底合不合適，有些人還會去算塔羅牌、買水晶、買許願蠟燭、去寺廟拜拜求籤，許願心想事成，不光是查別人，他們也很關注自己的ＭＢＴＩ人格，大概每三個月就會測一下。

說實在，談戀愛這種事，你常常和人家聊天、跟對方面對面相處，內心絕對有感覺對方是怎麼想你，端看自己願不願意承認，這跟他是金牛座還是巨蟹座一點關係都沒有。

最多讀者跟我說，他做任何事情都三分鐘熱度，不曉得內心喜歡什麼，懷疑自己選錯科系、選錯職業，看到其他人好像很厲害，自己跟著複製別人興趣、照抄別人穿衣風格。或者在選修科系或換工作會輕易被外人說服，事後才在那邊怪家人，怪老師，怪罪整個體制。

更有一種極端狀況，是一些人太刻意強調「做自己」，不屑學習別人，想做一個標新立異的奇人，可是當我繼續問他真正喜歡什麼或不喜歡什麼，他卻說自己不知道。

正因什麼都不知道，這些想要標新立異的人，他們到頭來選擇「做自己」的方式，依然是模仿一些講話犀利好笑的網紅，自以為幽默地嘲弄他人，不尊重別人，可是一旦別人嗆回去又會玻璃心，恰恰顯示他們依然無法承擔這份「做自己」的代價，這種人的做自己就是一種表象，一種表演。

很多人是不明白自己的，我看到他們渴望「做自己」，卻因不曉得「自己」是誰，自然無法完全做自己。

甚至，現在很多人仰賴哲學、心理學、科學的力量，同樣因為他們搞不定內心的感受，無法完全信任自己好奇心的本源，一定要找到一個邏輯，才會需要透過種種外力來證明自己的感覺是對的。

上述文字聽起來好像在罵人對吧？但是，我以前就是這樣的人。

不為他人，才能持續

我小時候是一個變來變去的孩子，膽子很大，看到好玩的就想去試試看，同時是喜歡懷疑自己跟質疑世界的孩子，我國高中一路是問題學生，帶一堆黃色漫畫到學校發給同學傳閱。以及，我喜歡閱讀大量書籍，文章老愛引經據典，其實都是我對自己的不自信，我完全無法相信自己的觀點，才會需要引用大量的東西非得證明些什麼。

我想要做自己，說享受一個人的獨處，但朋友們聚會不揪我，我又覺得心裡不舒服；我想去愛這個人，又擔心對方不喜歡我；我大學明明最想選的是戲劇系或中文系，最後卻跑去讀英文系，只因當時聽很多人說英文系畢業後很好找工作。

我曾經參加歌唱選秀節目，曾在校園歌唱比賽拿滿多第一名，但是我又沒有辦法堅持練歌；我練過吉他，練半年就不練；我彈過鋼琴，彈三個月就不彈；我加入經紀公司，跳過女團舞，可能長得實在差強人意，跳得也不怎樣，最後也是解約。

有時候難免恍惚，一個學生時代完全不曉得自己在幹嘛的人，最後竟然在跟大家講要怎麼找到自我，不是很荒謬嗎？

可是現在三十三歲，你問我過去這些經歷值不值得？我竟然萬分篤定：是的，完全值得，就是這麼一路衝撞跟探索，我才終於和我最深愛的寫作相遇，徹底明白我的劣根性到底是什麼。

我來講一下我是如何遇見寫作。我是二〇一五年下定決心寫作，二〇一八年成立奶媽專頁，當初想要寫作抒發，不是刻意看到誰這麼做，而是那時候失戀，工作不順利，還得到輕度憂鬱症，腦袋塞滿很多想法，覺得再不做點什麼就要爆炸。

當時職業是做媒體，看到一些名人新聞，寫一寫就在後面加點個人感想，文章全是拿來鼓勵自己用，起初沒有人看，也不是太在乎有沒有人看，我寫作就是想療癒自己，沒想過幫助別人，直到現在都是，我又不認識你們，我自己就一堆毛病有待解決。

只是一路書寫，我卻發現每寫完一篇文章，我就出現一種如釋重負的爽快，那種爽快感是由內到外，彷若靈魂都在回應我每次手指敲到鍵盤的呼喚。

每一次寫作，我確定我投入其中，一天大概可以寫五千字，有時候一天一萬字，私下寫，公開寫，絲毫不覺得疲累，我有一位已經出好幾本書的作家好友對我說，我是一個寫文章很瘋狂的人。

前面我也說到，我是一個從小變來變去、看到別人做什麼就想試試看的小孩，但當遇見寫作的瞬間，心底確實有個燈泡亮起，內在的聲音說：就是這個，一定要繼續寫下去。於是我絕對相信，今天任何一個人都會找到他們的心之所向。

但是，若想和你真心熱愛的人事物相遇，必然有一個大前提有待完成。

我是二十四歲才開始認真寫作，漸漸明白寫作對我的力量。可是我認為最重要的，是我終於反思早年自己的三分鐘熱度和模仿行為，到底為什麼我無法堅持下去？並就此發現人類的共同劣根性。

一個人會三分鐘熱度，做一件事情半途而廢，多數原因是想立刻看見成效，這背後和心理及資本主義的演化有關，我們會想要做投資報酬率快速的事情，久而久之就會偷懶，學習其他人的成功模式，喪失自身風格跟主體性。

我不曉得大家有沒有深刻地愛過一個人？愛過渣男渣女也無妨。或者，我很好奇你們有沒有深深地被愛過？

深愛一件事情，就和深愛一個人一樣，今天他再怎麼難追，身上再多缺點，你依然會想把他搞到手，即便中間會害怕懷疑，可是又會心甘情願追隨，發自內心磨合，不願意輕言放棄，你會完全接受他的好與壞。

以及，對這件事情或這個人，你必然充滿好奇心，你會想要了解他。

就像湯姆．克魯斯主演的電影《捍衛戰士：獨行俠》，他反覆嘗試突破飛機跟自我的極限，不斷詢問自己跟學生問題，為什麼我在這邊會失敗？我要怎麼做會更好？要知道那些飛官已經是頂尖飛行員，獨行俠依然會要他們在同一個領域裡持續逼出他們的極限，這個過程，痛並快樂著。

回到我跟寫作的關係，我會自動閱讀更多的書，練習不同作家技法，嘗試自己能不能闖出某種寫作風格，一切都是我自願的，可是這個自願包含著練習過程的痛苦，直至達到完成文章的那一刻，就是難以言喻的爽，痛苦都是值得。

但一切大前提，是當我回顧當初寫作的動機，觀察到一件事：**我是不為任何**

人的。

其實理由沒有多高大尚，不過是當時身心靈全面崩盤，低潮到我什麼都無法想，我已經不渴望被人看見，我不渴望成名發財，我什麼都不渴望，但我又不敢自殺，我只想要活下去，而寫作能幫助我這點。

那一刻，我的自我終於開竅了。

就是因為我不再為誰寫作，在寫作的字裡行間反省過往，試圖理解我的三分鐘熱度的心理狀態，釐清我的自卑導致的自大，梳開我和家人與前任男友們的關係，當然，還有我到底想成為怎樣的人。

神奇的是，當我什麼都不想，全身心投入寫作的過程，我反而被讀者們追蹤、被很多家出版社邀請出書，那都是後話了。

專頁破萬的時候是二〇二〇年，坦白說直到現在，一個人孤獨寫八年，況且是天天都在寫，以資本主義的投資報酬率算，得到這種成績，搞不好有些人已經想放棄了，甚至到現在，你走在路上問奶媽是誰，半數都跟你說不知道。

我還是堅持著，喜歡上了，沒辦法。

把「好奇心」放在自己身上

一個人要找到自我，四處探索絕對是好的，縱然是從模仿別人起頭，我都覺得那也是探索的過程，不是壞事，之後我還會談到「模仿與成就自我」（見頁九五）的關聯性，模仿也能幫助你找到自己是誰。

但在探索的過程裡，我希望大家多一點對自己的好奇心，並且時時檢視自己的動機。

當今天你三分鐘熱度、決定要放棄這件事情，一定要反問自己「為什麼」，我放棄的原因是太想被看見嗎？是因為被老師家長們說我沒天分嗎？可是別人說我沒天分，難道我就不喜歡這件事情了嗎？所以我到底是喜歡這件事，還是只是想要被肯定而已？

你可以探索，但一定要反思，要時時保持覺知，你要弄懂這件事不適合你的原因，是你偷懶嗎？還是你確實不喜歡？如果是你偷懶，你要繼續追問，我偷懶是因為短時間看不到成效嗎？還是有其他原因。

當意識到劣根性的時候，就請你克服它。

今天一個從小亂探索一把，非常沒有自信的人，我能夠找到自己真心深愛的事物，從中建立自信，我真切相信每個人都會遇到自己的天命，但這個關鍵前提，真的是你們要勇敢地將物質世界帶給你們的綑綁，別人看待你們的眼光，別人眼中的價值與應該，都要完全放掉。**人和人之間的關係必須妥協，但風格必須堅持。**

以及，不用擔心你的努力看不見成效，都不會白費的。

哲學家赫拉克利特講過一句話，超短的，四個字，叫做「萬物流轉」。

赫拉克利特認為，一個人無法在同一條河流中涉水兩次，縱然河流外觀、周遭環境都相同，但第一次渡河跟第二次渡河，水中海藻的擺動、空氣的流動、陽光照射產生的溫度和角度、生物的經過，狀態都是不一樣的。

日常生活亦然，你今天做瑜伽、練舞蹈、學吉他，第一次練習跟第二次練習，就算是相同動作和彈法，都會是不同的變化，你的肌肉多少已經有記憶，適應程度和上一次不一樣。

我很喜歡閱讀神話學，某天在喬瑟夫·坎伯的《神話的力量》看到一段，說所有英雄的誕生，都是從「好奇心」開始。

我心想講得太有道理，任何我們接觸過的神話和歷史，都是從好奇心裡學習創造，東方神話的女媧造人，女媧覺得很無聊，想說找個人陪她，所以用大地的泥土去做小泥人；希臘神話的人類源起，是普羅米修斯用泥土造人；聖經裡的亞當跟夏娃，偷吃禁果的本源，也是來自他們的好奇心，但沒有他們的好奇心，人類的文明也就無法開展。

東西方神話都指向「好奇心」與「動手創造」的關聯。

自我也是這樣的，你要對自己有好奇心，你要為自己創造，而不是想著要獲得他人肯定。當你把好奇心完全放在自己身上時，你的探索是為了你自己，而不是想獲得什麼結果，此時你就會莫名其妙自律，莫名其妙擺脫三分鐘熱度。

接著不曉得過多久，你會驚覺到：咦，你好像默默心想事成。當一個人為自己喜歡的事情耕耘，他會太獨特，很難不被看見。

如何尋找自我？就是從今天開始，你依然可以想到什麼就去做，**但在做的過程裡，一定要時刻反省、保持對自己的好奇心、想著要如何做可以幫助自己變得更好，而不是忙著怪罪別人，更不要被外界的論斷輕易影響你喜歡這件事的決心。**

請在探索跟創造的過程中，有意識地問自己問題吧！

如何認識自我？你必須有意識去「模仿」

不要害怕模仿別人，不要害怕和別人相處。
「模仿」是建立自我的基本功，
而與別人衝撞是一種理解自己的方式。
我們必須根據所處的狀態時時反思，篩選適合的，剔除不適合的。

我經常會和讀者說，我是透過寫作和閱讀認識世界、摸索自己是個怎樣的人，當一路閱讀、日日書寫，我卻從閱讀裡越發感到自己的無知，從書寫裡不斷發現嶄新的自我。

我非常篤定「自我」是個宏大命題，探索自我，不光需要時間與試煉去換，更需要花上半輩子的時間來明白，直至行將就木，可能才會徹底覺醒，看清楚這一生走來到底發生什麼事，又是什麼讓自己走到今天。

很多人會將自我與本位主義劃上等號，以為「說真話」就是做自己，在網路上大放厥詞，或是肆意評價周遭朋友，但他們忽略自己不是神仙，自己口中的真話不見得等於當事者經歷的真相。

可是他們會告訴你：「沒有呀，我只是在做我自己。」

網紅鍾明軒拍過一支影片，有家長向他反映家裡小孩很喜歡他，現實生活學習他的說話方式，結果使用錯誤，拿來在學校嗆老師、行使「他認為是做自己」的言論，實際上是傷害他人的行為。

從這件事就可以發現，有的人會誤解「自我」就是豪邁狂言，但仔細回想，這些人沒什麼讓人印象深刻的個人風格，就算批評，卻講不出優秀的結構與邏輯，以及罵人不等於自我，傷害別人更不等於風格。

每個人的「自我」絕對不一樣。

我真切相信，一旦有人越早認識自己是誰，活出自己的原廠設定，他們大至世界，小至生活領域，都會為自己和別人帶來很大的貢獻，甚至會鼓勵別人。

有些人的自我所呈現的主要氛圍感，可能類似小S，做任何事都透著一股靈動多變的質地。有些人的狀態可能像鍾明軒，張揚奔放卻自由。有些人可能與梁朝偉相似，寡言少語的內向型人格，有些人可能走療癒系路線，哪怕講話直接，還是讓人不會覺得侵略性強，比方鄧惠文。

這邊必須強調，以上名人只是說個大約輪廓，自我是涵蓋不同種面向和漸層，它絕對不是單一性格模板，這些明星絕對有更豐富的情緒層次是我們不會發現、只有他們自己清楚，而我們也必然和他們的性格不會一樣。我上段意思只是想說**——自我展現的型態有千萬種，不是只有率直敢言這一種，也不是只有酷哥酷妹、文藝青年這兩種。**

我們該怎麼發現自我？如何曉得自己的本質是什麼？透過多年閱讀文史哲的啟示，綜合古人智慧，加上自身經驗，我提出兩個觀點，一個是實務層面，另一個是心態方面。

實務層面有兩個階段：模仿跟篩選；心理層面只有一種：反思。

透過模仿，挖掘自我

首先來說實務層面。中國哲學家莊子提到「塊然獨以其形立」和「獨與天地精神往來」這兩句話。

看到這兩句話，我個人解讀是一個人若能通曉自己是誰，它就能悠遊自在地和吵雜的外在世界共處、不會輕易被別人影響，可一旦換個角度思考，我卻從這兩段話聽到弦外之音，即是：一個人懂得愛自己、接納自己的前提，是因他們終於理解萬物的多變，終於理解每個人的不同，方才發自內心尊重他人，願意接納自己和周遭人事物的不一樣，而這就是一個人的靈魂真正獲得自由，並知曉自我為何物的時刻。

莊子講的已經是「結論」，是一種終於。

但是，如果我們要達到莊子所述的內在境界，必然得先完成所謂的「前提」，這個前提是什麼？我認為就是要從**「練習和萬物相處」**起頭。

講白話就是，我們必須要透過和他人的碰撞來認識自己，就像談戀愛，每一次和戀人的衝突，都是雙方更加了解對方和自己的一種方式，繼而選擇要不要再跟這個人繼續糾纏，還是乾脆放彼此自由。

好，既然我們必須得與他人碰撞才能認識自己，那麼建立所謂個人風格與自我，就是需要他人幫忙了，這就回到我的第一策略：**模仿**。

我認為「模仿」是一個發掘自我很重要的敲門磚。

人類天生就有模仿的心理和習慣，用理性科學來論，我們有一群被稱為鏡像神經元的神經細胞，該神經元其中一項功能就是反映他人行為，讓我們能夠從簡單模仿到更複雜的模仿，模仿是人類最原始的學習。

從科學對照到日常，許多大師們的風格和自我都是透過模仿而來。

我很喜歡的已故作家林奕含，她曾在訪談提到，高中時就像中了張愛玲的毒，將張愛玲整套小說倒背如流，但後來，林奕含有將近多年不敢觸碰張愛玲的作品，理由是驚覺到自己創作的字裡行間，都像極了張愛玲。

根據林奕含的說法，「像極了張愛玲，卻又遠遜於張愛玲。」獲得諾貝爾文學獎的作家莫言也提到，他從小閱讀魯迅的作品長大，早期創作都在模仿魯迅的習作風格，但他也表示：「我始終達不到魯迅的造詣，我願意用我畢生的作品來換魯迅的一則短篇。」

林奕含跟莫言，他們的作品多優秀這點已經是無庸置疑，但他們這段話讓我思考兩件事。

第一件事，你喜歡怎樣的人、崇拜怎樣的作品，你必然下意識就想向他學習，不知不覺開始模仿，連自己都不曉得，故而，人類是具有模仿的本能。

但是，別人的風格與自我又是很難被你真正模仿，誠如林奕含和莫言的真實告白，一個人說自己寫作曾經像張愛玲，卻又遠遜於張愛玲一樣；一個人說模仿魯迅，卻始終不能成為魯迅。

張愛玲的風格，終究是張愛玲專屬；魯迅的手法，終究是魯迅自己的。

回到前文鍾明軒的例子，有些青少年會學習鍾明軒的發言風格，其實他們也是在模仿，豈料畫虎不成反類犬，變成一個不尊重他人的人。

奇怪了，平平都是模仿，為什麼就會分成林奕含與莫言這種大師，卻也會出現毫無特色的人？

模仿，我承認這是一個很重要的，挖掘風格與自我的策略。

但其中，你還是必須包含一個很重要的「意識」，唯獨時刻保有這樣的意識形態，你才會一邊模仿大師，但又在模仿大師的旅程裡，慢慢抓出自己的本質，終至成為一位吸引別人模仿的大師。

就是接下來我要說的——**反思和篩選**。

勇於嘗試，不適合的就刪除

武學大師李小龍，我們知道他自創一個招式，叫做「截拳道」。

李小龍會創出截拳道，是他早年跑去和葉問學習詠春拳，接著周遊列國到日本學空手道和柔道，去泰國練泰拳，甚至，他還跑去學擊劍，李小龍先是去模仿和學習各路招數後，接著慢慢發明自己的一套拳擊體系。

對此，李小龍是這麼說的：「從自身經驗探尋，吸收有用的知識，屏除掉沒有用的，加上你獨有的一套。」（Research your own experience, absorb what is useful, reject what is useless, add what is essentially your own.）

注意，李小龍提到的四段話的先後順序，這是一個挖掘自我的步驟，當我們在模仿一個人事物時，必然要根據自己的人生經驗做對照，此時「反思」就是一件非常重要的工程。

我在學生時期特別喜歡模仿小S講話，因為我喜歡她，下意識模仿她的肢體語言，結果學著學著，我觀察到自己總會有很不順暢的時候。

那是一種很直接浮現在你心底的一種感覺，你就是覺得莫名「卡卡的」，例如我經常覺得小S假哭很好笑，於是我會假哭給同學看，結果不只同學沒有笑，連我自己都感到彆扭。

按照李小龍的說法，這就是你遇到「沒有用的招數」，你遇到不適合你本質的招數，你必須剔除它。

模仿大師的過程裡，我們絕對會有不適應的情況，這是百分之一百的，因為你終究不是這位大師，通常這個時候，很多人會選擇忽視這份感覺，但我鼓勵大家不要，**任何模仿一旦出現不自在、不順手的氛圍，連別人都能感受得到。**

重點是，你不快樂了。

很多心靈雞湯不都是說了嗎？我們很難知道自己喜歡或適合什麼，但我們肯定知道自己「不喜歡」與「不適合」什麼。

如何覺察到自己不喜歡？就是你不能完全吸收對方的風格。你要去體驗模仿過程裡那些「不舒服」的時刻，接著勇敢放掉它，當然，我們在模仿過程也會擁有很順手的時候，那就保留它，既然你做這件事很舒服，那就繼續保持呀。

另外，我們也不見得只模仿一個人，你也可以模仿很多人。

比方今天我模仿小S，留下她善於鋪排故事的邏輯力，剔掉不適合我的搞笑方式；再來我跑去模仿林志玲，留下她懂得溫柔反擊的應對，剔掉她天生的說話口音。

無論你怎麼模仿，怎麼嘗試，一旦啟動反思和篩選的覺察能力，你就會本能地知道哪些特質適合自己，哪些特質可以剔除，甚至，你模仿的招數越多，你就會從中變化。

接下來，一件神奇事情就會發生，當我們有意識察覺自己言行背後的舒服和不舒服的感受，留下舒服的，放掉不舒服的，你就會下意識呈現一個專屬於你的氣場，不要懷疑，那就是你。

那就是你的自我、你的風格，風格不是自己口口聲聲說，風格是別人看你的樣子，你自己搞不好都說不出個所以然呢！

因此，不要害怕模仿別人，不要害怕和別人相處。

原因在於，「模仿」是建立自我的基本功，而與別人衝撞是一種理解自己的方式。主要是，我們必須根據所處的狀態時時反思，篩選適合的，剔除不適合的。

你的自我，就是在你模仿、反思、篩選的旅途裡漸漸顯現。

你以為的自己，真的是「最真實的自己」嗎？

我們要如何鬆脫外部價值、物質世界所帶給我們的「我以為」，
真正看見與探索自己的想要，
畢竟你以為的自己，
往往不是你真正的自己。

自由意志跟天命，是可以並存的

近年靈性成長的相關學問大行其道，最常聽到的概念無非是「聆聽內在的聲音」和「你的直覺騙不了人」。

部分靈性療癒師會尊稱這些「內在聲音」與「直覺」為高我、指導靈、靈魂、

菩薩傳訊……諸如此類，其實名詞設定很自由，想怎麼稱呼就怎麼來，不過這本書我選擇借用心理學家榮格說法，**把內在聲音一律稱為「本我」，我們的肉身則是「自我」**。

談論「我心目中的本我跟自我」前，先和大家闡述我的信念，畢竟正因有這個雷打不動的前提，以下論述方才順勢開展，我的信仰即是：「我深信每個人的身上都有特別之處。」

無論父母當初是自願還是非自願生下你，哪怕你是被強暴生下來的孩子，一旦誕生在這個地球，你不用刻意做什麼，你本身的存在就已經有價值，你的靈魂就有意義，你的身上必定帶天命，你的本我絕對有一個他想要體驗的主題。

這樣說下來，怎麼有一種「我命由天不由我」的味道？我這個長年在專頁討論這麼多自由意志力量的傢伙，現在竟說每個人的降生都有固定天命，聽起來是否太衝突？

不，實際上「自由意志」跟「本我主題」（天命），兩者是可以並存的。被譽為東方天書的《易經》有三易，分別是變易、簡易和不易，我認為很適合解釋「天命」和「自由意志」可以同時存在。

首先來談「變易」，變易講的是變化，意即天地萬物最不變的事物是改變，萬物如此，人心亦然。我們的想法和行動都會隨著時間和歷練產生質變，在我看來，自由意志也是列在這個「變易」範疇。人類的思考會變、感受會變，年輕時看《紅樓夢》和年老時看《紅樓夢》的體悟絕對不一樣。

但是，《易經》卻也出現「不易」的概念。

不易，指的是存在於宇宙間某種恆定的、不變的法則，比如太陽是從東邊升起、西邊落下；又比方在《易經》卦象內，我們會先看到最基本的八卦「乾、兌、離、震、巽、坎、艮、坤」，接著從這八卦衍生出六十四個卦象。

生命一定會先出現「不易」，接著我們就可以從這個「不易」當中開拓千千萬萬的「變易」。

神祕學說完，淺談一下科學。

德國量子物理學家杜爾曾經開玩笑，說自己小時候為了釐清物質核心，拿起斧頭把桌子劈成兩半，一路劈下去直至劈成原子這麼小，但身為最小單位的原子，世人皆知原子又被發現能夠細分成原子核與核外電子，再分割成質子、中子及夸克。接著杜爾提到，搞不好世界上最小單位不是原子或夸克，是一種有效體（wirks）。

關於有效體這個詞彙，杜爾是想闡述一個「會產生作用」的單位，但這個單位目前尚未有科學家能分割到源頭，倘若用我的說法，會將這個說是「能量」，原子、質子、中子和夸克就是一種能量，一種自宇宙大爆炸之後生成的有效體。

故而，地球上的人類也好、動物也好，甚至是遠端的外星人，我們都是宇宙底下生成的能量產物，我們會如何決定我們的命運，取決我們要如何用自己的意念，來調整我們的能量頻率。

以上，跟「變易」和「不易」的核心是一樣的。

所謂不易，即是宇宙間有一個科學家們都清楚卻探測不到的有效體（能量），該能量擁有不斷變易的模式，它可以轉化為夸克、原子，再轉化為桌子、書本、人類、動物等等；接著組合成人類之後，它又會隨著人類的情緒意念再度引發不同共振，大道之下，無數分支。

再用數學來論，哪怕是數字1到2之間，其實有著0.1、0.001、0.003267179的距離；另外用輻射來說，除了一般可以見到的各種顏色的光，更涵蓋X射線、伽馬射線、無線電波和宇宙射線等等。

甚至，老子在《道德經》提到：「道生一，一生二，二生三，三生萬物。」老子這句話，同樣談論的是「一種不易」底下衍生出的「萬種變易」，世上先出現一個固定的道，再從這個道拓展出一、二、三及萬物。

假設宇宙就是道，道生一，意指宇宙裡頭有上萬星系；一生二，星系當中又有各類星球；二生三，各類星球之中包含地球；三生萬物，當然就是地球中存在的各種物種，其中包含著人類。

再拿神學領域來看，不易指的是造物主，不喜不悲不憂不怒；那麼變易，可能就是三千大千世界存在的諸多神祇，如聖母瑪利亞、耶穌基督、釋迦牟尼、觀世音菩薩、阿拉、九天玄女、希臘眾神等等，祂們多少還是有一點慈悲心。

以此類推，回到「天命」和「自由意志」，他們就和「有效體及各種物體及情緒流動」、「數字1及小數點的分裂」、「輻射及各種光波」、「八卦和六十四卦義」、「宇宙及星系星球地球」、「道和一二三萬物」是一樣的。

每個人身上絕對有一個靈魂設定，肯定存在一個「本我想要完成的任務」，這是我們的不易；那麼用怎樣的方式和際遇完成這個「天命」？本我其實給予自我很大的發展路徑，這是我們的變易。

我們有天命不假，但「自我」與「本我」對接過程所產生的自由意志，超乎我們預期的廣大。

倘若拿我的例子來舉，從兒時到長大，無論宮廟乩身、靈媒、阿卡西紀錄，抑或星座命盤跟紫微八字，都在在顯示我有「說故事」、「探索及記錄人事物本質」的天賦，儘管不知道是真是假，不過暫且假定「記錄者」就是我的天命，是我靈魂降生的「不易」設定好了。

可是，難道成為一個記錄者就非得是寫作不可？

繪畫是一種記錄、當導演跟編劇是一種記錄、寫歌是一種記錄、當主持人或老師也是記錄的一種呈現方式，我有千千萬萬個可以行使「記錄者」主題的道路，以上便是我在不易設定底下，試圖探索出來的變易。

再比如賈伯斯的「本我」主題，顯而易見是「發明一種顛覆人類文明的產物」。

倘若賈伯斯的「自我」不想學習科技，轉而想當演員，他依然會在演員道路中開創自己的一套表演體系，而本我會根據他的「自我開創程度之大小」，讓他的發明小至改變演藝圈，大至撼動一個世紀的藝術文明，這邊講的是，倘若想當演員的賈伯斯不思進取，只想停留在舒適圈，那麼他一樣會發明東西，但可能就僅限於某個劇種；反之，如果賈伯斯積極拓展他的表演視野，那麼他的發明可能就會影響數十年的演藝生態。

本我，其實給予自我非常大的拓展空間，關鍵在於——今天自我到底想要讓自己拓展到多大程度，你的膽子、你的腦洞、你的自律程度、你的探索精神，到底可以有多廣多深？

接下來，想說個殘酷又溫柔的概念。

殘酷的部分，就是很多人的自我（可能有八成這麼多），終其一生沒有**「活開」**本我的主題，造成這種悲劇的關鍵，確實跟人類文明層層堆疊的外部價值如金錢、審美、性別、性向、當代主流思潮、關係模式，存在著很大的關係。

溫柔的部分即是，就算你被物質世界的外部價值迷惑，活成一個最爛版本的自己，例如我是一個記錄者設定，發揮到最大值興許成為二十一世紀的張愛玲，殊不知我的靈性啟蒙太晚，到頭來變成一個為愛散盡家財、倒臥台北車站門口三餐不繼的其中一名街友，僅能在破紙箱用炭筆寫寫失戀日記，我依然有完成記錄者的主題，寫失戀日記也是一種記錄嘛。

可是必須說，都已經來到地球進行體驗，本我最大的心願，自然是期待自我能在現世人生裡擁有最飽滿的生命力和想像力，盡可能抵達最大程度的創造。

這就是人們必須終生不斷探索的：**我們要如何鬆脫外部價值、物質世界所帶給我們的「我以為」，真正看見與探索自己的想要，畢竟你以為的自己，往往不是你真正的自己。**

請相信你可以做到更多元、更野性、更廣袤。

傳統與前衛，皆是人類的附加產物

現在已經分出「自我」與「本我」的差異。前者是受到社會規範、道德框架和集體教育等，外部環境影響所發展的性格和行為模式，類似尼采口中負重前行的駱駝；後者則是一個人剛出生的本質，與生俱來的人格結構，類似靈魂設定、天命或人生主題。

有時候，一些人的本我設定恰好符合現今社會的主流思潮，他就會活得安適開心，甚至得到名聲；反之，有的人本我如果不符合現在社會價值，其心智就容易和外部環境發生碰撞，造成自我懷疑或自我貶低。

我很喜歡舉「家庭主婦」為例。現在迎來兩性平權時代，各大自媒體或作家均鼓勵女人發展自我，有的人便狹隘認為「事業」是一個女人開創自我的唯一管道。

但誠如我上文提及，本我的世界觀裡並沒有被任何名詞設限，所謂「現在流行的思潮」在本我的眼中從未存在，本我最關注的目標，依舊是試圖讓自我意識到今生的人生主題，快快樂樂發揮創造動能，無論這個主題有多麼「非主流」。

有些人的本我，他就是喜歡為別人犧牲奉獻，並在「為他人犧牲奉獻」的過程裡開展其潛能。

前美國總統川普的母親瑪麗·安妮，嫁給丈夫後躍升中產階級，她有的是機會發展自我，卻決定當家庭主婦，致力教育川普等孩子，此外她是牙買加婦女輔助醫院的金主，支持無數慈善機構。

川普評價他的母親向來低調、不喜拋頭露面，在我看來，瑪麗·安妮的本我主題就是喜歡「為別人付出」和「成就他人」，你若逼著她去對外發展所謂事業，肯定讓她極度無法適應。

我有一個朋友的父親是工人，終生為家人奉獻直至病逝，朋友哭著問我，父親生前都沒有開拓他的事業版圖，是不是沒有活出本我主題？

對此，我反問她的父親生前是否有過遺憾，朋友吐露，父親唯一遺憾就是沒能撐到大兒子的婚禮，其他並沒有。

我繼續問朋友，父親對養育你們的心情是什麼？

朋友說，父親說撫養她和哥哥就是他很大的驕傲，及當初為讓孩子有更好的生活環境，身為藍領階級的父親竟默默存到一大筆錢，提供哥哥和她到國外唸書，實際上，朋友的敘述足以證明——她的父親已透過「犧牲奉獻」的本我主題拓展其靈魂的最大值，讓他在藍領階級的狀態中創造超越性的潛力。

家庭主婦跟藍領階級，兩種職務在「社會主流思潮」看似被輕視，卻不是本我考慮的範圍，本我是不在乎物質世界的規範，有些人的本我就是喜歡當家庭主婦，抑或嘗試在藍領階級的領域拓寬可能性。

但是，一旦「成為職業婦女」和「追逐某種主流行業」的思維成為一種風潮，便容易使「想當家庭主婦」或「想做非主流行業」的人們無所適從，產生自我鄙視的矛盾，到頭來隨波逐流，追求和其他人一樣的職業婦女或外商公司職員，搞得自己很不快樂，離本我越來越遠。

相對地，這會是我接下來的重點：一切發生在你與其他人事物的衝突中，皆是「本我」透過這些境遇，不斷明示和暗示「自我」看見主題、望見劣根性，於是自我的任務（乃是肉身的你），就是致力擺脫一切裹纏在身上的**「你以為不可以」**和**「別人都這麼做」**，一心一意遵循本我給出的指引，就會開拓出獨一無二的人生，擁有心想事成的體質。

我們也會發現一件事。

在本我的世界觀裡，在靈魂的理解之內，地球的資本主義、主流價值和父權結構是不存在的，那些都是文明的累積，是人類自己設置的規則，致使當一個人的自我選擇與本我連結的同時，他就必然要有所意識：**想活出獨一無二的設定**，

你絕對不會被「社會上的所有人」接受。

畢竟「獨特」跟「從眾」兩者必然存在矛盾，你想當家庭主婦、想從事某個小眾行業、喜歡某種審美，必然會與其他和你不同的人碰撞，這沒有誰對誰錯，也不用因為人家不喜歡你，就悲傷到彷若全世界都欠你，因為換位而論，你也不見得認同人家的選擇。

別人不理解你，你也用不著苦大仇深，在於我要說一個神奇的真相。

想吸引適合自己的人事物，得先「看清自己」

有科學證明宇宙是「相對論」的運作，神祕學談的則是「平衡」的能量場，因此，今天有人莫名其妙不接受你跟討厭你，就必定會有人無條件的、深深地愛著你，和牛頓力學的作用力及反作用力是差不多概念，是相對的，是平衡的。

既然相對論是基本邏輯，既然力與力的平衡是宇宙法則，相信每個人都會想要吸引到適合自己的人事物吧？誰不希望離那些莫名討厭和陷害自己的越遠越好，周遭都是喜愛與欣賞自己的人。

那麼癥結來了，你不去向內探索自己是誰，不願意對外展現各種面向的自己，你根本就遇不到、吸引不來欣賞你的人事物，以及，假設你完全不深愛最真實的你，縱然那些適合你的人事物出現，你也看不見他們，這才是最恐怖的事。

一個人想要盡情擴展本我主題，想要遇到同道中人，想要發揮所謂天命，他就必然要回歸核心：**你必須真正地、全然地，排除掉社會賦予的主流及非主流價值，剝離歷史名人教你的主義和理論，回溯你的成長經驗，傾聽你內心的聲音，認清你是誰，做你由衷感受到快樂的創造。**

回到開頭所述，「聆聽內在聲音」是一個關鍵。

聆聽內在聲音，這件事仍有警示之處，當一個人早已被社會各類價值觀影響，被社群充斥的各類龐雜資訊浸染，他的「內在聲音」是否真是純粹的本我指引？

還是根本是胡思亂想或逢迎主流的聲音？一切都需要判斷。

如何做到最精準的判斷，其實可以透過**「內省」**達到，但通常滿腔熱血，不撞南牆不回頭的衝動分子，或老是處在怨天地怨社會的憤青狀態，沒時間凝視自己內心的人，實在很難做出清醒決斷，一如過去三十年的我。

老子在《道德經》說過，「孰能濁以靜之徐清」，一杯水看上去混濁，只要讓它靜下來，它就會自行沉澱，越來越清澈。

覺察本我的意識也是如此。

靜心，才是通往內省的不二法門；而內省，將讓你的本我和自我盡快對接，擴張你人生的最大格局。

說完我對自我的想法，以下篇章將是個人經驗，提供我平常靜心的方法，從日常中內省的過程，興許能帶給你們不同的思考，延展你們對「靜心」和「內觀」的理解，如何意識到自己內心深處的想要、盡可能與本我達到連動，說穿了，不過就是體察生活罷了。

你的自我，遠超乎你想像的大

你要經常讓自我接受磨練，
並在學習過程裡保持敞開的心，
永遠不要驕傲自認通盤了解一切，
不管是哪個年齡階段都該如此。

挖掘自我，是一條永無休止的道途。

道理我們都明白，畢竟蘇格拉底都說「最大的智慧就是認識自己的無知」，但通常知道是一回事，長期處在某種封閉交友圈、情感狀態或工作環境，人類難免會被慣性思維誤導，當真認為現階段的性格就是「自我的完成式」，誤會你僅能如此，實則不然。

以及，通常人們都會在「自認最了解自己和某人」的情況下遭逢巨變。

阿姨和我講一個真實故事。她有個三十年都在當家庭主婦的好閨密，驕傲老公對她萬分寵愛，結果丈夫在她五十五歲時坦承早就外遇十五年，離婚協議書已經簽好，房子歸到妻子名下，給她三千萬贍養費，當念及多年夫妻情分。

丈夫態度堅決，無論妻子答應與否，明天就會搬去和小三住在一起，阿姨的閨密當場晴天霹靂，憂鬱症到現在都沒有好轉。

巨變，不可能瞬間發生，必是長期悄悄堆疊。

好友向阿姨提到，離婚後回溯丈夫往年的言行舉止，其實早就洩露端倪，但自己並不是刻意裝瞎，是她「發自內心」認為這沒什麼，她太過相信這段婚姻無堅不摧，無意識忽略日常警訊。

她直接承認：「丈夫外遇固然有錯，但我沒有時刻保持『覺察』，倘若我不要這麼自我陶醉，早就看見蛛絲馬跡，不會十五年後才遇到這種事。」

說出這個例子，不是要大家草木皆兵，把一段情愛關係搞得疑神疑鬼，我想強調的是**「保持覺察」**看似簡單，實則非常難以執行。

你需要對自身內在狀態的運作有一定程度的了解，同時打開對周遭環境的敏銳度，在於多年處在兩耳不聞窗外事的情境，人類五感容易鈍化，危機在身邊，他也會看不見，繼續天真地活在自以為的世界。

美國作家格倫儂・道爾在其著作《我，不馴服》描繪一個場景，是動物園被長期豢養的獵豹，縱然擁有捕食能力，但被人類訓練習慣，牠已經不曉得自己可以反撲，連想逃走的意識都沒有。

這就是**「覺察鈍化」**所帶來的危機。

很多時候，並不是裝睡的人叫不醒，而是他根本睡到昏頭，卻始終誤會自己保持清醒。試問，一個早已昏睡但堅稱自己清醒的人，連叫他醒都不得其法，他反而還覺得你很奇怪。接著災禍降臨，如塔羅牌全面崩解的巴比倫高塔，雷電從天而降，劈碎所有的「你以為」。

你終將曉得世界不總圍著你轉，再怎麼健全的信念系統，都會隨著時代變化、關係轉折出現裂縫，你必須反覆審視跟改變，就像上萬年的古蹟和古畫，仍需要專業師傅反覆修繕，它們不可能上百年來都維持同一模樣。

關係如此，自我亦然。

可是該怎麼做？我要如何知道**「我以為的自己」**不完全是**「我真正的自己」**，我要如何訓練自己的覺察力，讓它不會鈍化？

去年，我就是親身體會到這件事。

放不開，是因為被太多的「以為」束縛

寫作者經常犯一種傲慢。

當一路提筆書寫、透過文字解放，我們當真以為筆桿子是自我的終極表述，文字很野性奔放，你就自認**「已經」**超級做自己，哪怕被說「文字跟本人不太一樣」，你依然堂而皇之找理由，沾沾自喜這是一個人的多面性，彷彿文字跟本人

就是要差超多，顯得你千變萬化。

我過去就是這樣，文字跟本人表裡不一，視其理所當然，我敢透過文字進行情緒的梳理和解放，自詡為全部世界，完整的自我展現，我以為我超愛自己。

於是就像上文說的，命運決定給我一記悶棍。

前年五月，我分別收到師大和TED的公開演講邀請，講述主題是「自我」，這對其他知名作家和網紅也許不是大事，對我卻是重大里程碑。

我清楚自己不太會說話、沒有公開演說經驗，哪怕跟朋友一對一聊天滔滔不絕，面朝群眾就不見得，甚至聚會場合一旦超過三個不認識的人，我就會全程保持沉默，有社交恐懼症。

隔沒多久，輾轉得知作家成英姝開設實驗性質的脫口秀課程，心想命運齒輪簡直為我轉動，怎會那麼剛好，讓從小到大的偶像作家教我演說，興許在TED演講能大放異采。

殊不知，那次脫口秀課程是我的高塔時刻。它摧毀我的自信心，卻也把我帶往另個嶄新的、我從未見過的廣袤天地。

寫作，是一個極度安全的場域，能將作者本性巧妙包裹在文字背後。網路論壇的酸民或自媒體，我們在留言大放厥詞，嗆辣大書己見，每個人的文字都很有性格，可一旦實際相處，不難發現多數人就像作家莎莉・魯尼（Sally Rooney）的作品《聊天紀錄》中男女主角般——打得一口好字，面朝大眾傻乎乎，肢體僵硬無措，無法精準表達想法，沒有魅力、毫無靈氣。

網路上，人人都是戰神。面對面，你連指著人家鼻子的勇氣都不敢。

脫口秀及演說，展現的是個人的精氣神。你說話的肢體律動、撰寫腳本的邏輯、表達時運用聲線的抑揚頓挫，早就無形說明你是誰，講奇幻點是所謂「氣場」，但凡內心尷尬緊張、防禦心態過重，你的身體會比你的內在搶先反應，觀眾看得清清楚楚，你以為你很會觀察別人嗎？別人跟你一樣，他們也有眼睛，也有心。

前兩堂脫口秀課，我的表現奇差無比。

哪怕在家反覆練習段子，我到現場依然緊繃放不開，無法逐一對視同學，搞笑都自覺尷尬，原先安排某段落適時揮舞雙手、創造表演張力，結果見到台下同學面無表情，內心頓時慫掉，手臂呈現一種要揮不揮的軟趴趴，基本上其他人無須多言，連我都曉得自己做不好，語速越講越快，越講越沒重點，最後乾脆匆匆下台，看都不敢看其他人一眼，深怕對到同學安慰的目光，更突顯做得很差。

回家後進行一番自我剖析：為何在台上會這麼放不開？

起初，我認為是源於我自覺不是講話好笑的人，可是後來發現不對，每個人絕對都有幽默感，所以這份尷尬背後的真相，是我不願意相信我的幽默感會被班上同學理解，我早已預設立場，以為我的搞笑不夠主流，以為同學不會笑，

全部都是我以為。

正是這份「我以為」所形成的害怕，我的表演就更畏縮，意念顯化現實，原本或許好笑的段子，變得不好笑了。

此刻我終於意識到，我沒有我文章所講的愛自己、認同自己。離開文字帶給我的保護結界，我根本不敢把自己交給群眾。

我不相信我講的段子，因為我不信任外界；我不信任外界，因為我不相信我的段子會被接受，我不認為我會被群眾喜愛，歸根結柢，這始終和我不接納自己、在意他人眼光有關。

過往在社群平台寫作，難免遇到酸民。自我訓練兩年後，我確實對網路的酸言酸語免疫，本以為是心智堅強、悟出做自己的真諦，可是經過脫口秀洗禮，我驚覺根本不是這樣，我不在乎酸民，不過是我看不到他們的表情，倘若面對面，瞥見陌生人對我竊竊私語、擺出訕笑惡意的態度，我敢反擊嗎？我能不動搖嗎？

顯然我不敢。因為我連在小小脫口秀課堂都做不到信任自己。

終於在第三堂脫口秀表演失敗後，我的心態徹底崩盤，當場克制不住沮喪情緒，在班上嚎啕大哭，心想宇宙居然安排一個「尚未完全愛上自己的人」去跟大眾演講「自我」，實在有夠諷刺，思及至此，悲從中來。

記得成英姝反覆對同學們說一句話：**「很多時候，你以為的自我，往往不是你以為。」**

放下心中的「以為」，才能真正改變

第三堂脫口秀下課，我就確診染疫，關在家裡一週，反覆思索成英姝的話。自我是一個漫長課題，尤其是在一個人最傲慢、自詡了解「自我」的剎那，恰恰是他必須「往前拓展」的時機，猶如一隻飛鷹，當牠的眼神逕自望向同一方位，就忽略來自各個角度的危機，還會對其他視野的壯闊與美麗視而不見。

再說，世界這麼大，各式各樣人類何其多，你怎會覺得自己明白全部真相？事實上，我在這堂脫口秀出現兩個「我以為」。

第一，我以為我超懂自己。第二，我以為我是一個不好笑的人。其實第一點很明顯，這是長年僵化在舒適圈所形成的覺察鈍化；另外第二點，是我沒有信任環境，不相信把自己全然交託出去會被接住。

我決定讓自己做出改變，把所有這些「以為」通通放掉，全然信任自己，勇於做出改變。

第四堂脫口秀，那是最後一堂課，我化個大濃妝、貼著全手臂紋身貼紙，直接在舞台扮起黑道，怒飆髒話，大罵渣男。

我專注對視每位同學，用戲謔的口吻，和他們訴說過去在愛情經歷的一切，我什麼都不想，不再思考肢體語言，不再擔憂好不好笑，心裡僅一個念頭，我想讓在場的人知道——**你配得起世界上你所能想到的愛。**但其實這句話不單是說給群眾，也是對我自己的吶喊。

然後，我看見同學眼神放光、他們笑了。

我見到老師欣慰的眼神。

可是重點不是他們，是衝破限制的那一瞬間，就像蛻皮脫胎後的重生，你曉得舊時的自我並沒有消失，寫作時野性熱情的高瑞希依舊存在，可是你又知道，你好像長出一份新的自我，這股野性熱情，不再只困於寫作，搞不好連說話表演，你都有無限的可能性，都有奔放的潛力。

經過脫口秀的突破，就此拓寬我對「自我」的認知，我知道「自我覺察」是需要訓練，不過都已經說是「訓練」了，必然要適時施加壓力。

就和健身重訓差不多，你要先設下重量挑戰，方能具體觀察身體極限可以到哪裡，及過程內在狀態又是什麼，這就需要你不斷向外拓展、勇敢打破慣性舒適圈，去挖掘一些平常你不會做，可是又讓你感到好奇的嘗試。

演員馬修・麥康納一生做過許多冒險。他獨自跑去沙漠露營數月，在異國參加喝礦泉水大賽拿冠軍，也曾為了測試心跳脈搏最高可以到達多少，刻意挑戰爬到家裡屋頂往下看，順便克服自己的懼高症。事業方面，他則是從一個《賴家王老五》的花瓶帥哥變成實力派的奧斯卡影帝。

他說，他沒有放棄「突破自己」。

馬修・麥康納會定時為自己設下挑戰，可大可小，比方縱容孩子在家裡牆上亂塗鴉，對他來說就是一個挑戰，他致力擴大自己，畢竟越是擴大你的內在，你就會知道——**你的自我，超乎你想像的大。**

就像當初我踏進脫口秀的課程，才觀察到我距離「完整自我」還有好長一段路，甚至我敢說，這是人類一輩子的課題。

怎麼樣不讓覺察鈍化？時時打磨是必要。換言之，如何不讓「自我」的覺察鈍化？你要經常讓自我接受磨練，並在學習過程裡保持敞開的心，永遠不要驕傲自認通盤了解一切，不管是哪個年齡階段都該如此。

想要認識自己，便得明白你永遠都不會懂自己，持續保持謙卑。

否則，你就是迎來你的高塔時刻，或早或晚罷了。

既然你是一個庸才，還怕沒有準備好？

真正下場之後，你會發現整個劇本不會照著你想的來，
你還是得不斷解決問題，並在解決一個個困難後，
真正成為一個無懼失敗的勇者，
並於從中建立更完整、不輕易被他人影響的自信。

我喜歡和朋友們說，現在是一個「人人皆可成名」的時代，如今正是來到狄更斯《雙城記》所描述的景象：「這是一個最壞的時代，也是一個最好的時代。」

網路各大社群崛起，每個人都有能力成立自媒體，多一份機會讓自己被看見，不過弔詭的是，許多人太希望自己被看見，遂帶著一股「被凝視」的姿態經營社群，結果搞半天，你發現他半件作品都沒發，或是發得意興闌珊。

問他為什麼不繼續創作，他會告訴你：「我不敢，我也不知道為什麼？我可

能還沒準備好。」

書寫創作上，我向來是個臉皮極厚的人，或許能從天生的性格面向切入，我的人類圖是不破不立的6／3爻人，是想到就做的薦骨權威；星座命盤太陽月亮上昇全部落在變動星座；紫微斗數是一個殺破狼將軍格。

我的本性，是行動永遠走在大腦前面，沿途跌得滿頭包的人。

說到底就是橫衝直撞、從做中學的傻子，沒有很細心，思慮不周全，因此犯過的錯誤和迷失經驗，相較同齡人多非常多。不過，這個「沒有想太多」的特質放到人生縱然讓周遭親友捏把冷汗，一旦擺到「喜歡的人事物」就變得異常執拗，莫名其妙的堅持及投入。

耕耘書寫八年走到這裡，我清楚自己沒有紅到驚豔文壇，卻也累積許多深愛著我、支持著我的讀者，算是能用一點個人經驗，給部分有志發展創作，又希望創作不要從眾，能夠樹立個人風格的人們一些拙見。

我的建議就是——**請你先搞清楚自己就是一個庸才、沒有人在看你。最後，**

你永遠不可能準備好，特別是當你連第一步都沒想踏出去的時候。

真心認為自己是庸才，就不會被框架束縛

我發自內心認為自己不是一名文筆好的作家。

這不是我謙虛說胡話，我身旁有許多才華洋溢的作家好友，舉凡擁有心理學專業、能順手就引述各種學術理論的傢伙；有古今中外文學都閱遍，文筆內斂細緻的雅士；更有大筆一揮就是大江大海的豪俠，讀來猶如看見魯迅、莫言之流，讓我好生羨慕。

故而，我始終抱持著**「自己是一個庸才」**的意識在創作。

起初接觸寫作，當真沒有任何理想願景，當時的我正忙著透過文字解決殘破不堪的心理問題，直至後來觀察自己越寫越上癮，每天是上千字的井噴狀態，還會主動研究其他國外作家的敘事手法，私下反覆照樣造句練習，接著以一種不要

臉的姿態放到專頁。

文章一發出，以前的我是不看評論的，老讀者應該都曉得。不看評論，不是個性跩，是我清楚我是為自己寫，我不在乎別人怎麼評價我的東西，為什麼不在乎？因為我清楚我是一個庸才，網友倘若認為我的文筆太爛，肯定是正常現象，但是最差的情況就是到這，不會再更糟，你的部落格不會因為你文筆不佳而被迫關閉。

我知道每個人都有英雄夢，幻想自己是下一個西蒙．波娃或張愛玲，寫出眾多經典作品，加上網路太過發達，我們比過去更容易滑到不少優秀創作者。

因此，我明白當一個人看到厲害作品，當然不會想要自己作品擺上去是差的，你必然有期許，盼望能寫出像別人那樣強大的東西，緊接著，你要不是下意識模仿別人，就是用超高的美學標準綁住自己，一步也不敢踏出去。

你卻忘了，每一個你眼中的天才，他們固然厲害不假，但終究都有做到跨出那一步，萬丈高樓平地起，他們也非第一篇創作就驚豔到嚇死幼稚園老師。

況且這邊說句大不敬的話，拉到宇宙洪荒的角度，你想那些天才當真有多麼天才嗎？或者是，你和你心裡暗暗較勁的朋友，你們的天才程度有強過神農氏或伏羲氏？有強過蘇格拉底和老莊？

到頭來大家都是庸才，沒什麼好怕的。

神奇的是，你真心認為自己是庸才，一旦不再被某種審美標準框住，一個人到頭來剩下的，就是全然為自己創作的快樂，且這股快樂能夠確保你有源源不絕的創造力，因為你先不要臉了，你的想像力、看待事情的角度，才有辦法無遠弗屆，只因你敢。

想要表達自我卻裹足不前，事後告訴別人自己「沒有準備好」，我認為最核心的理由，不是你沒有準備好，是你害怕犯錯，害怕做得不夠好，還害怕「別人認為」你做得爛。以及有時候，這股「追求完美」的心態，與你對做這件事情的龜毛嚴謹無關。

我的朋友曾經提到，他想要放上彈吉他的影片。朋友的正職不是專業吉他手，沒有花費太多心思琢磨深度，而且他的吉他才剛學三個月，於是我發現他比起恐懼失敗，更多是恐懼作品被笑，朋友深知自己現階段半瓶水響叮噹，能力尚未純熟，怕放出來給親朋好友看會丟臉。

無論你的能力是客觀來看不錯，抑或是客觀來看不佳，會畏懼展現自己，仍是導向同一結論——你就是怕做得不好，也怕別人看自己不好。

除了記得你跟那些人一樣，你們都是庸才。緊接著，我想請你們再記住一個人世間的真相：**每一個人到頭來只關心自己，沒有人在看你。**

一如你成天擔心作品發出去別人怎麼看自己一樣，表面是看似在意別人目光，實則不過是執著「別人眼中的你」是如何，到頭來你依然最關心自己，可是換言之，別人同樣這麼想。

他們表面是在乎你怎麼看他們，實際上也是關注他們在外界的狀態，一樣地，他們最愛的都是自己，想想十七世紀法國文學家拉羅希福可在《道德箴言錄》都說了：「人類的同胞愛不過是場騙局，是場巨大而普遍的自戀現象。」

沒有人在看你，百年下來都是如此。

好的，既然大家都沒在看你，今天你發一篇什麼，你很快就發現這和時下熱搜新聞一樣，隔沒幾天全部人都忘記，網友不是很常取笑「台灣人都是健忘的」嗎？只是我認為這不單是台灣人，全世界的人皆然，既然現代人關注名人新聞都如此速食，遑論平平無奇的你，你有什麼好不敢為自己創造？

什麼都別想，先開始就對了

最後，沒有一個人是真正準備好的。甚至，任何你想做的自我成就，全部都是在什麼都不想、義無反顧踏出去的瞬間開始萌芽。

神話學專家喬瑟夫·坎伯在《神話的力量》中，綜合長年研究各國神話的體會，發覺所有英雄的誕生，皆是在他們毫無預料的情況下、直接經歷冒險，並在這個跌跌撞撞的征途裡自動突破。他說：「當我們的思考不再以自己或自我維護為主時，我們便在意識上經歷一場真正的英雄式轉化。」

赫曼．赫塞《流浪者之歌》中的悉達多，在貴族家庭讀那麼多的佛學經典，到頭來也是要直接跟著僧人開始旅行，過程中才察覺自己的貪婪及色慾，方才多了沉澱自己的機會，終至真正悟道。

一個人事前準備再多、書讀得再多，真正下場之後，你會發現整個劇本不會照著你想的來，你還是得不斷解決問題，並在解決一個個困難後，真正成為一個無懼失敗的勇者，並從中建立更完整、不輕易被他人影響的自信。

成就自我如此，創作就更是這樣。

老子在《道德經》就寫道：「合抱之木，生於毫末；九層之台，起於壘土；千里之行，始於足下。」能夠讓人雙臂合抱的巨木，都是從幼苗長起；九層的高台，當初也是用泥土慢慢搭建；千里的遠行，也是從腳下的第一步算起。

唯獨你先把東西創造出來，即便內容差強人意，我可以保證第一次肯定都好不到哪裡去，但是你才會知道可以怎麼修改、哪個題材比較適合自身屬性，從中一步步修正，方才有**「越做越好」**的情況發生。

而最終，你絕對會在這勇敢創造、發掘問題、校正問題的反覆裡，無論能力還是心理，漸漸成為一個連你自己都意想不到的，一個強大又獨特的人。

輯三

創造，讓自我無限大

靈性的開端，是從無到有的創造

人類都是在動手創造裡啟動想像，
在動手創造中解決困難，
再從解決困難中產生洞見，
而這份洞見，也幫助你達到真正的療癒。

現在是一個女性主義、存在主義和神祕學蓬勃發展的年代，每個人對「活出自我」都有概念及嚮往，更甚，我聽過朋友告訴我，她現在最喜歡聽見別人稱讚自己「有靈性」勝過「長得漂亮」。

確實，有靈知的女人與男人，眼神會透出一股鮮活的玩心，那會是相當靈動且有個性，就算戴口罩都無法掩飾其眸光的清亮。

關於「靈性啟蒙」的概念存在多種說法，有人說自我覺察，有人說創傷療癒，有人說多閱讀多看世界，也有人說點蠟燭跟買水晶就能喚醒靈性。坦白說，以上方法雖能幫助你和內在連結，但那全是次要，不是至關重要。

靈性的開端是什麼？古往今來的神話學、哲學、歷史、文學、宗教到表演理論，早已給予我們答案，答案從頭到尾只有一種，猶如老子《道德經》筆下的「道」，只要達到這點，其他的什麼蠟燭水晶療法、閱讀、心理諮商等，不過是道生一二三，它們頂多是一二三，與其先學一二三，不如直接回歸源頭，從道開始。

靈性啟蒙的關鍵只有一個，我先前已在無數篇文章都提過這個概念，只是在這個篇章，我會想繼續深聊此事。

靈性，就是**「從無到有的創造」**。

從零開始的創造，幫助喚醒想像力

被藝術圈、時尚界和音樂界封為「龐克教母」的派蒂・史密斯，當初創辦社群帳戶發布的第一張照片是自己的手，她認為「手」是文明世界裡最古老的符號，連通想像力、執行力跟療癒力，是一個強大且神聖的力量。

派蒂・史密斯的說法，已然呈現「從無到有的創造」對於人類在挖掘與成就自我的道路上，扮演著多麼強烈與不可撼動的角色，且驅動這股創造力的動機，來自你對你自己和這個世界的愛、好奇心和探索欲。

希臘羅馬神話有兩個知名英雄，一是身強體壯的海格力士，是希臘人傳統意義上的勇者，屬於身體的蠻力之勇。

另名英雄奧德賽，卻是讓希臘人最津津樂道的一名勇者。

奧德賽，他沒有角鬥士的體魄，靠的是足智多謀和忍辱負重的性格，然這份大智大勇性格的養成，源自他在特洛伊戰爭後為期十年的飄泊，在一次次的冒險中克服己身傲慢，以機智面對獨眼巨人、以好奇心挑戰賽倫女妖的歌聲，到後來以自律和覺察遠離喀耳刻的誘惑。

奧德賽的成長會這麼鼓動希臘人的心，除了彰顯人類向來就有渴望成為英雄、看到王道漫畫便會集體高潮的傾向，更重要的，依然是我們在奧德賽身上看見那份為自己開疆闢土，不斷向外拓展跟創造的魔力。

被譽為二十一世紀《第二性》的女性經典《與狼同奔的女人》，作者克萊．莉莎博士曾引用〈紅鞋女孩〉的童話，來講述「創造力」對一個女人喚醒靈知的重要性。

紅鞋女孩透過手工縫製自己的紅鞋，內心感受到喜悅與熱情，哪怕紅鞋縫製得不盡完美，但看著作品從無到有的生成，紅鞋女孩產生豐足的成就感，促使她想繼續產製更漂亮的紅鞋。

從無到有，是扎扎實實從零打磨，從零開始建立你的堡壘，這本身就足以振奮人心。

以演員為例，排除自編自導自演的情況，很多演員都是演出別人寫好的劇本、講別人編寫的台詞，通常編劇及導演已經為演員們搭建好骨架，演員頂多為這個角色增添血肉，雖然這是創造的一種，卻沒有符合「從無到有的創造」，於是我常聽到某些演員抱怨，戲演久了，其實很消耗自己的內在。

因此，觀察檯面上知名影帝影后，你會發現他們在演戲之餘，私下會從事與「從無到有的創造」相關活動，以此為自身內在蓄積能量。

韓國影帝河正宇、百想影后金泰梨、喜劇泰斗金凱瑞、影星強尼·戴普和「人魔」安東尼·霍普金斯，他們都非常喜歡繪畫，有的還開了畫展，畫得有模有樣；梁朝偉是一位隱藏的寫作高手，曾以一篇〈聽見流星的聲音〉影評驚豔娛樂圈；影后茱麗葉·畢諾許私下鑽研舞蹈；柏林影后金敏喜熱愛烹飪，雖然曾被愛人洪常秀取笑她的手藝差強人意。

從無到有的創造，是一種和內在連結的訓練，猶如派蒂·史密斯所描述的「手」，一旦開始動手，我們才有機會讓靈魂在畫布中揮灑、於稿紙間流淌、在吉他與鋼琴的樂音中徜徉。

而且，創造力不見得限定藝術。

一個擅長巧手布置新家的人；一個會在午餐便當添加創意，把紅蘿蔔裁成花朵的人；一個喜歡植栽園藝，看著花朵和菜葉慢慢被雨水和陽光滋養的人，更甚者，我見到那群製作香氛蠟燭會自行添加喜愛的精油或水晶之人，他們都是在進行從無到有的創造。

當一個人在生活裡進行可大可小的創造，整個狀態就是一種動態冥想，協助他們靜心和探索，而他們的靈知也在自己的行動中悄悄被啟動。

另外，從無到有的創造，不僅能召喚你沉睡的想像力，你也會在親自執行這份想像力的期間，慢慢治癒過往的傷口。

在創造中，找到屬於自己的洞見

有段時間深陷憂鬱低谷，我跑去接觸心理學相關書籍，同時搭配和諮商心理師約談，可惜對我來說成效不彰，在於心理諮商和心理學都是在聚焦過去，讓我反覆看到一個殘破不堪的自己。

每當踏進診療室回望過往傷害，都像一種凌遲，反覆提醒我的過去有多麼糟糕，檢視我是一個多麼有問題的人，可是真相完全不是如此。

我們的靈魂，從頭到尾都是完整的。

打從人類出生到現在，我們就是一個藝術品，每個人早已踏入「從無到有的創造」的征途，我們談過的挫敗戀情、職場犯過的大小錯誤、遇到的小人與貴人，它們都是為了「打造完整的自我」而服務，痛苦本來就是必然，創造不可能都是快樂，在於沒有人會在快樂中學到任何事物。

從無到有的創造，專注的是當下，專注的是拓展未來，不是回望過去。

事實上，要發展寫作、寫歌、繪畫、做菜、植栽……等你所能夠想像得到的創造，抑或企業家從無到有的創業，整個過程都不見得快樂，更多是辛苦，我們總以為畢卡索是天才藝術家，卻忽略他光是繪畫、版畫、雕塑、陶瓷等作品就產出高達五萬多件，這真的不是一件容易的事。

但是，療癒的地方就是在此。自我創造為什麼會療癒？

因為當你願意花費心思解決問題，最終克服困難、完成作品之後，你會產生一種難以言說的興奮感，這股自信心是由內向外建立，你不需要跟別人討愛，你就能體會到自己本身就是一個創造者，是一個給予愛的人，這股「成就感」會驅使你不斷想要往前探索，觀察自己能夠走到多遠。

以及在創造的過程裡，我們會透過反覆修正作品，從中獲得專屬於己的洞見。

這也是為什麼有些職人可以寫舞蹈散文、美食散文、植栽哲學、表演哲學，在於一個人認真鑽精自己的創造，認真解決創造過程的難題時，他會不知不覺在其中與過去的創傷和解，或是啟動自我覺察。

行住坐臥都是禪，創造亦如是。

就像我在書寫短篇小說，難免會從角色反芻自己的生命經驗。我有一個朋友是畫家，她笑說每當在繪畫時，她都能從中意識自己正處於怎樣的心理狀態，可是這種自我檢視，又跟心理諮商的討論不同，畢竟繪畫、文字、音樂或廚藝都是你自己產出的，那個結果終究是美麗的、好玩的、有趣的。

找一個人盯著創傷反覆討論，跟將創傷直接動手變成一部作品，那會是兩種不同的洞見，後者的治癒力道，強悍到你無法想像。

我想到印度瑜伽中有七個脈輪，手，被稱作是心輪的延伸，心輪管的就是內在，人類都是在動手創造裡啟動想像，在動手創造中解決困難，再從解決困難中產生洞見，而這份洞見，也幫助你達到真正的療癒。

喚醒創造力，才是我們挖掘自我和療癒傷痛的解藥。從無到有的創造，就是開啟這扇大門的鑰匙。

自由，是奠基在基礎之上

倘若想將你的創意點石成金，基礎極其重要。
任何想像力的啟蒙及擴散，
無一不需要「基礎」撐著，
可是打基礎必然伴隨煎熬，無論身體還是內心。

國際舞蹈家筱婷老師的編舞課上，筱婷特別關注我們對身體的感覺，經常說出這句話：「身體，是沒有對跟錯的。」

當我分享這件事，舞蹈科系畢業的學妹D立刻告訴我，她相當認同筱婷老師說的話。

「舞蹈本來就沒有對錯，所以我超級厭惡我們老師教的東西。」

D驕傲地昂起頭：「我自己也可以跟筱婷老師一樣，我也可以開舞蹈班教大家，畢竟舞蹈沒有對錯。」

說到這裡，D開始向我批評高中和大學老師的教法，認為這些老師根本不懂舞蹈、沒資格教學，和我分享時常被老師再三雕琢基礎姿勢，從抬頭、彎腰到屈膝無不要求精準，讓D煩不勝煩，失去耐性。

D向我提出要求，希望能給筱婷老師教上一回。

「我欣賞她的教學理念，我也覺得舞蹈就是沒有對錯，凡事都沒有對錯，我高中到大學的老師，教法都是不對的。」

瞧D這麼興奮，我不好意思打擾她的興致，只是依舊提醒她，如果真的想要帶班授課，建議先從身旁親朋好友開始。

我不會阻止D的做法，每個人都要從失敗的經驗學習，而失敗經驗的累積，無非都是從永無止境的嘗試裡做鋪墊，我明白D想要自己開班教學，這是她的一種嘗試。

甚至，我會鼓勵D去做，因為我早已清晰看見結果，我清楚D的這個「舞蹈沒有對錯」的信念系統若不調整，必然迎來挫敗，且她的舞蹈終生都不會跳好，她必須狠狠失敗一次，我默默地鼓勵她迎向失敗，儘管她並不清楚。

當然，除非D想在家裡跳著自爽，那還真是沒有對錯，只是我說的是距離專業和創造力擴張帶來的蓬勃美好，現階段的D是永遠無法企及，無法看見。

我僅祈禱D在失敗時不要讓自己變成受害者思維，認為全部學生對不起她，或是不敢再次嘗試，畢竟我深信她絕對可以從開班嘗試的摩擦裡，慢慢摸索到一個概念：**任何想像力的啟蒙及擴散，無一不需要「基礎」撐著，可是打基礎必然伴隨煎熬，無論身體還是內心。**

如同每一棵無限開枝散葉、生長形狀各異的大樹，那是樹木們的創意，但它們最底部的扎根卻都相同，且大家皆曉得每一棵樹扎根都是曠日費時，需要耐心，需要堅持，不能急。

萬物如此，渺小人類亦然。

筱婷老師說的「沒有對錯」，指的是每個人對身體的感覺。可是如果談論到

「技藝」本身，那麼任何「沒有對錯」的發生，皆是奠基在這個人已經有強大的基礎，並從這個基礎慢慢向上開發。

有基礎，才能向上開發

享譽國際的天才舞蹈家碧娜．鮑許，導演文．溫德斯一路從旁記錄其舞蹈劇場和生活態度，發現碧娜．鮑許即便不斷打破傳統舞蹈的框架，人人皆能從她的舞蹈裡感受自由，獲取內在靈魂的靈動，包含她懂得欣賞舞者身體的多樣性、鼓勵高矮胖瘦都可以舞出生命的呼喊。

但是，文．溫德斯的筆記卻提到，碧娜．鮑許帶領的舞者們，他們所有舞姿的滑離、接住、鬆開、飛衝到翻滾，全都涵蓋碧娜．鮑許精準且理智的丈量，觀眾看到的自由自在，內裡都有很強悍的骨幹維持，猶如現今文明社會中享有的自由，全是百年前祖先費力打下的厚實血淚。

碧娜·鮑許理性地知道，這個蹲姿該蹲到距離地面幾公分、膝蓋該彎曲到幾度，飛躍時才會看起來格外爆裂，而這一切都是長年練習調整打下來的基礎。

再來，如果舞者只是亂跳，沒有私底下反覆練習，今天碧娜·鮑許要他們精準地蹲八十五度，沒有透過基礎操練，他們的身體根本無法做到。

一個人的身體、一項技藝倘若沒有打地基，縱然他的腦袋浮出再多高明厲害的動作，但實際上這個人根本就執行不了，連注音符號都沒有背熟，連造句都不會造，連散文都寫不好，如何寫一本小說？

每當D不止一次向我鄙視老師教得不夠好，說他們太執著對錯，然而就她的說法，我看到的卻是老師正在傳授她基礎，協助她調整站跪坐臥的精確度，是D自己沒耐心，這股沒耐心可能有諸多理由，是不夠愛，是太急求成，是討厭被束縛，到底哪一種，只有她自己清楚。

沒有對錯，指的是我們的腦洞，想像力本來就無法被阻擋。

只不過，倘若想將你的創意點石成金，基礎極其重要，且確實有一定框架、有分對錯，就像一個人今天算數學，明明是要用加法的算式，他卻用減法來做，卻堅稱可以得到加法，這顯然就是錯的。

此外，通常打基礎的期間，也是能夠協助我們觀察自己的狀態，判斷現在做的這件事、愛的這個人，到底是否為真心所愛。

基礎，不只是通往天賦潛能的大道，也是觀照自己的媒介。

有基礎，才有自由。

自由書寫，為的是和靈魂完美對接

自由書寫，一定要用手寫，
因為身體和內在是連動，你想要和靈魂對話，
就是要靠手部「下意識」的動作，
祂才有機會跑出來。

我是在國中和高中被全班霸凌的時候，以一種誤打誤撞的方式，和我的靈魂進行第一次對話。

一直思考該不該將學生時期被霸凌的事情寫出來，因為有些霸凌是出自人性對弱者的惡意，只是另外一種欺負，多數是眾人對一個和自己明顯不同的人產生疑惑，遂用自身投射效應理解對方，最後一發不可收拾導向欺負。

我的部分，是屬於後者。

小時候，我是一個說話變來變去的孩子，今天講這件事情是A角度，隔天就換成B的面向來說，不了解狀況的人，容易將我歸類成說謊的孩子。

遙想當初國中被班上同學排擠，源自電影《魔戒》系列上映，我已經忘記是哪一集。

總之，先是甲同學跑來問我「好看嗎？」我和她說很好看，孰料不久聽到其他同學討論，眾人呼喝說難看，我越聽他們講，越覺得有道理，開始懷疑自身品味，於是也說好難看，未料事情傳到甲同學耳裡，覺得高瑞希表裡不一，恰好甲同學在班上人緣極佳，我就成為被攻擊的對象。

坦白說，國中被排擠這件事，跟我這個人本性古怪無關，純粹是我不夠愛自己、不夠有自信招致的結果。

當時的我，很容易受到同儕影響。明明自己喜歡這部片，一被大家說難看，我就主見全失，加上那時候沒在流行什麼心理學、青少年焦慮分析，國中生普遍不早熟，沒人願意理解你是沒自信才會隨波逐流，多半早已輕率定義，直指你就是一個放羊的孩子，也是人之常情。

只不過，高二被班上同學排擠，確實和我的古怪個性有關。

高中就讀名校，有別於其他女孩認真讀書又乖巧，我是一個叛逆、滿腦子喜歡玩音樂的孩子，甚至時不時蹺課到頂樓或保健室發呆，搞得歷任師長很頭痛。

某天晚上，班上有位資優生C打電話給我，說我嚴重拉低班上成績水平，要我注意自己，其實這件事情，我唯一做錯的就是告知我信任的同學，之後被人家傳出去，資優生C矢口否認，說我造謠。

一個乖巧可愛的資優生，和一個叛逆自我、和班上同學也沒什麼互動的女孩，大家理當會認為，資優生是不可能會說謊的。我就被排擠了。

儘管高三畢業典禮，這些排擠我的女生向我道歉，她們曉得一切都是資優生C搗鼓，不過傷害已經造成，我有長達多年不敢信任朋友。

女孩子都怎麼排擠別人？

不外乎分組漠視妳，平常有意無意譏諷妳，偶爾多人成虎、集體向老師說些我根本沒幹過的事，讓老師跟著不喜歡妳，幸運的是，我碰到的這群女孩沒有對我動手，頂多言語暴力，畢竟真要打我，就是換她們被扭送警局，不過我很早就明白，**言語暴力的傷害，不亞於肢體暴力**。

然而，連續兩次被同儕排擠，我第一時間都懷疑是自己個性出問題，只是當年心理諮商不普及，我找不到人可以幫我引導，幫我看看我的行為背後到底存在怎樣的內心狀態。

總之，那時我都是想著：難道我是一個說謊的孩子嗎？

然而，哪怕我第一時間認為電影好看是真實的，但事後就算知道其他同學說難看，我想想也覺得他們說的有道理呀，所以我說的難看也是真實的啊，我清楚我沒有說謊，那麼，我的想法為什麼會這樣變來變去？

以及，為什麼她們都選擇相信資優生C的謊言，卻不願意相信我？是不是我哪裡有問題？我喜歡玩音樂、不喜歡上學，難道我這樣就是做錯事情嗎？理所當然要被認為是說謊的人嗎？

不要忽視手寫的力量

彼時母親單槍匹馬養育我，工作極度繁忙，我不想讓她擔心，我清楚她如果曉得我被欺負，一定會無心工作。

某天，我被全班欺負到忍不住了。我決定手寫日記。

我記得那時是國中二年級，現在回想就像一個自救本能，我清楚倘若我再繼續壓抑自己，總有一天會成為社會新聞的主角，要嘛是我傷害自己，不然就變成我傷害別人。

第一次手寫日記，是我用國中旁邊早餐店的衛生紙寫的，沒有格律，毫無邏輯，不管標點符號，漫無目的書寫，一邊分析自己，一邊腦袋想到什麼就寫什麼，盡情抒發。

就是那天，真是一個見證奇蹟的時刻。我淚眼婆娑地在衛生紙上書寫。

「怎麼辦？我好逃避上學」、「我好害怕分組」、「我好害怕某某男生又把我的抽屜弄亂」、「我好害怕某某女生又要嘲笑我是胖子」。雪白的紙張瞬間被藍色原子筆填滿，密密麻麻，寫的都是恐懼。

當一個人握筆手寫十幾分鐘不停歇，你的手部會出現一股慣性流動，即便腦袋不思考任何事情，握筆的手一時半刻也無法停止，通常那個狀態下，就是你的身體連結靈魂的一瞬，恍恍惚惚，你會發現你寫出了連你自己都意想不到的，一個解決問題的方法，哪怕這個解決辦法很不主流，甚至超乎常理。

實際上，當我的恐懼寫到差不多時，書寫的手早已慣性在紙張流動，瞬間我一陣腦熱，行雲流水地寫下三句話，精簡、帥氣、果決。

「他們欺負妳，是他們不懂妳，如果受不了，妳就蹺課吧。」

「妳要清楚，唯獨妳選擇死亡，否則一切都有希望。」

「因為，我會保妳無虞。」

哭泣漸漸止歇，我瞪大眼睛看著三行字，心裡想請問這是哪位？這是我會寫出來的東西嗎？而且居然還有押韻。

不過，久盯這三行字，我的內心澄澈許多，當天立刻選擇蹺課，跑去附近漫畫店嗑完一套 CLAMP 的漫畫，且在看漫畫的期間，我沒有任何心虛害怕，因為我就是記得衛生紙上看到的那句「我會保妳無虞」，宛如定海神針。

約莫中午，母親打到我手機，班導打來說我缺席，母親想問我跑去哪裡了。一瞬間，那股在早餐店發生的腦熱狀態又出現了。我旋即嚎啕大哭。

「媽媽……我被班上同學欺負了。」

整起事件的後續，是母親跟公司請假，把在漫畫店哭哭啼啼的我接回家裡，向班導告知我被排擠的狀況，請了幾天假，陪伴我梳理狀況，安慰我一切都沒事，不是我的問題，以後不要壓抑自己的情緒。

我的靈魂，祂真的保我無虞。

祂清楚我要勇敢對媽媽說出來，不要擔心給家人造成麻煩，另外，祂也希望我能夠清楚，我一直是被保護的，甚至還幫我多賺到幾天休假，可以好好在家裡休息。

得知這股無形力量後，我開始正式手寫日記，一路寫到現在，已操練十五年以上。

書寫的時間越長，和靈魂的連結越穩定

直至去年，我才從研究靈性療法的朋友那兒得知，這個我從小到大就默默在做的事情，原來有個名字叫做「自由書寫」，這的確是個能與內在「精準對接」的方法。

自由書寫，一定要用手寫，因為身體和內在是連動，倘若手機打字，你的眼睛難免要對準注音符號，多少都會用到一點組織能力，但實際上，你想要和靈魂對話，就是要靠手部「下意識」的動作，不能有任何組織成分在，因為靈魂必須在肉體呈現無意識的狀態下，祂才有機會跑出來。

伴隨書寫時間變長，我和靈魂的連結就越穩定，我已經能輕易分辨哪些字跡

是出自大腦恐懼，哪些句子又是靈魂給我的訊息，經過多年觀察及驗證，我發現所謂「靈魂訊息」其實很好判斷，我這邊給出的標準就是：**「能夠幫助你擴大視野的、不會侷限你的，就是靈魂的訊息；至於一切讓你縮小的、恐懼的、感受不安及自我懷疑的，那些全是你被文明社會框住的，小我的聲音。」**

回到先前章節講的關鍵。

靈魂，祂沒有在理會物質世界設定的規矩，畢竟所有規範都是人類訂下，因此，每個靈魂來到地球的目的，有點類似一種祂給自己的實驗，希望透過肉身，也就是我們，來負責完成祂的創造。

這也是我的字條裡為什麼會出現那句：「唯獨妳選擇死亡，否則一切都有希望。」

縱使自殺在靈魂世界裡是中性，只是肉身一旦選擇消逝，那麼這個靈魂即便換到下一個肉體，祂也許會覺得有些可惜，畢竟下次投胎，也不見得會是來地球體驗。

一旦肉身選擇自戕，靈魂便缺乏經歷這個人的故事版本。靈魂，終歸需要累積祂們的經驗值，所以不到最後關頭，祂們會盡可能保護肉體，除非肉體不爭氣，被貪嗔癡執迷到重度憂鬱症走不出來，嚴重阻礙靈魂施行祂們的創造，否則靈魂會盡可能確保肉體不要自殺，甚至，祂們會願意在肉身鼓起勇氣，帶著善意，並選擇自救的一瞬間，確保他毫髮無傷。

我還是想再講清楚些。

靈魂會讓肉體登出，有兩種情況：一種是看到這個人的心理狀態已經執念到沒救，靈魂就會讓肉體自殺，好讓自己別浪費時間，有機會轉換到另一個肉體；至於另一種，是這個人已經在生前完成靈魂使命，創造出能影響他人的作品，靈魂心甘情願達成使命，也會根據情況，讓肉體自行登出。

說穿了，我們就是靈魂的ＡＩ。

正因每個靈魂的本質，皆是想要肉身遵循內在喜悅創造，願意跳脫所有社會框架，為自己和社會帶來豐盛的愛與分享，那麼祂所給出的訊息，終究會聚焦在

「擴大自我」，而不是侷限在肉身執迷的貪嗔癡上。

未來嘗試自由書寫時，可以好好觀察，記住一點。

總而言之，你的靈魂，不會給你帶來恐懼跟懷疑。靈魂的訊息，始終是超越性的，充滿無限的愛，以及源源不絕的希望。

動態冥想，亦能和靈魂連結

倘若你願意天天操練，
這股平靜美好的能量就會環繞在你的磁場，
緩緩更新你的信念系統，
並終將在某天為你帶來幸運。

我在前一篇〈自由書寫，為的是和靈魂完美對接〉就講過，每個意識（就是我們）皆具備跟靈魂對話的能力。

一旦意識願意擺脫主流社會帶來的貪嗔癡框架，將嫉妒、貪婪、執著、憤恨等負面振動頻率降低，他就會和自身靈魂越來越靠近，把天命完整活出來，而非受限成為主流社會底下的殭屍，和大家喜歡一樣的美感，一樣的長相。

又或，有些人會嚷嚷「為錢為名出賣尊嚴或肉體」也是活出自我，卻從未思考自己「愛錢」和「想出名」背後的心理狀態，可能源自意識深層的不安全感和自我價值低落。

另外，有些女人（不是全部）在出賣尊嚴和肉體的同時，她們忘記思考現在不是活在古代，不是活在必須靠美貌身材才能換取生存上位的舊父權後宮時代，實際上，多數已開發國家早就來到女性擁有投票權、具備行為和意識自主能力的階段，我們不須仰賴他人也能徒手創造，也可以用我們的語言和行動捍衛自身感情狀態、年齡、容貌及子宮。

但是，萬年移植下來的父權遺毒，仍是悄悄腐蝕人們靈魂，讓男人誤以為五子登科方能證明自己，也讓女人高喊女性主義萬歲，卻依然將身體標上價碼，表面看似化被動為主動，但是動機仍是無意識在服務父權及資本主義的對價系統，甚至，有些女人會不惜破壞身體，來服膺男人的主流審美。

她們會自我說服，表示把身體交給別人秤斤論兩是一個「獨一無二的決定」，她們自認仍有主導權。

但在靈魂的層次來看，每個靈魂應該是獨特的，可是這些女人已經被社會價值同化，生成同一張面孔，猶如女性主義經典《與狼同奔的女人》所述，她們是坐上南瓜馬車的灰姑娘，有雙腳卻不願意走，本源其實是懶惰卻毫無自覺，而這也容易讓她們持續成為社會體系裡被宰制的對象。

重點是，她們再無靈性，再也聽不見靈魂的聲音了。

上述情況都是一個女人丟失靈魂、和自身野性內在完全脫離的表現。

其實，她們只是忘記了，她們忘記自己已經不用再靠身體，而是能憑最具創造力的腦洞與靈性來達成願望；她們忘記當一個女人發揮內在野性、動手進行從無到有的創造，並勇於向外拓展自我，她們會無形成為男人的繆思，也會成為別的女人仰望的目光，因為沒有任何英雄主義比「行動」更讓人著迷，沒有一個人不喜歡勇者。

幸好，你的靈魂始終都在，你的內在神性從未消逝，祂默默等待你覺察到這些，願意和祂做連結，實際上，每個曾被主流思維迷惑而行差踏錯的人，若想迷途知返重回靈魂故鄉，哪怕你已經超過五十歲，依然來得及。

故而，一個人如果想要和靈魂連結、活出天命，我們必須反覆記得這句話：**你想要的，往往不是靈魂真正想要的。**

不過，我們長年被主流思維固化，如若想順利和靈魂連結，確實需要方法長期操練，而除了自由書寫，這篇文章我會提供幾個我嘗試過，認為很有效，且適用於每個人的方式。

你想要的，真的是靈魂也想要的嗎？

說到和靈魂連結的方法之前，想要先談論一個前提。

近幾年操練的結果，我確定「愛」與「善意」的意念能夠產生良好的振動頻率，讓每個人都能與靈魂連線，達到美夢成真的境界。

就科學角度來看，宇宙是相對論，地球是力與反作用力，是質量守恆定律，再加人類到底是宇宙大爆炸後產生的粒子組合而成，人類的肉身是假的，情緒是假的，皆是粒子和粒子間振動產生的能量，故而，當我們本身的振動頻率是充滿希望、熱誠與愛，自然會吸引和自己相同波長的人事物。

很多靈性療癒師會說什麼「宇宙媽媽愛你」，即便把自己看得再爛，宇宙都深深愛著你。抱歉，這不是事實，宇宙是不喜不悲的存在，今天假設你恨宇宙媽媽，宇宙媽媽一樣恨你。

因相對論的運作模式，一旦你向宇宙投遞出善意能量，他必然一分不差歸還給你。反之，你被報復心、嫉妒、自怨自艾等憂鬱能量填滿，宇宙以為這些東西是你要的，他自然還給你惡意，以及接踵而來的創傷，讓你反覆進入負面循環，直至你終於明白——**負能量，不但無法解決任何事，還會給你帶來更多痛苦，傷人傷己。**

好吧，硬要說的話，宇宙還真的挺愛你，畢竟他只會給你「你想要的」，包含永無止境的恐懼和執著，他誤以為這是你的願望。

由此可見，我們深層意識的信念系統有多麼重要，就像我在書裡會反覆叩問：你想要的，真的是你靈魂想要的嗎？

你想要的容貌、金錢、這個人、這件事，到底是你被主流社會框住的欲念？還是你對往日創傷的補償心理？你必須清楚檢視這兩個問題，因為那會嚴重阻礙你和靈魂對接，天命的擴張幅度有限。

實際上，當意識和靈魂越靠近，那個人一定會明顯覺察到，你對萬物和自己的好奇心、熱情、冒險精神所達到的創造，會無形幫你掙脫很多憎恨、比較、哀怨等心理，因為你會曉得每個人都是獨特存有。

當你忙著嫉妒別人，忙著看向自己的侷限，你就會忘記發現：人類，我們身上必須得有侷限，才有機會讓其他人發光，但相對地，你自然也會有他人沒有的長處，你可以把你的長處發揮到無限。然而，若你忙著被負面的振動頻率掩蓋，這些不自信和哀怨的雜訊無疑是干擾，讓你讀不到、看不見你身上的優勢。

千百年前積累的文明病，不可能說改就改。

即便我清楚「相信能讓人心想事成」是宇宙真理，我還是沒辦法做到要大家把憤怒、不自信和貪婪等壞信念放下，哪怕我清楚你們相信這些惡意，你們就是會親手為自己顯化這些厄運，甚至，你就是很難跟你的靈魂連線。

所以，當你現在就是滿腔憤怒和哀傷，無法發自內心相信自己「已經」被整個宇宙深愛，我會告訴你沒有關係，咱們都是貪嗔癡的人類，自我價值低落誰沒有，可是在這樣的狀態下，要怎麼跟靈魂講話？依然可以。

有件事是我們可以練習的：做不到放下，我們可以「暫時清空」。

靈魂、意識和身體，是三位一體的融合，類似馬斯洛的三角形理論，身體在第一層，意識在第二層，靈魂在最上位，當一個人身體健康、情緒平穩，第一層和第二層的階段都穩定，他自然會完整收到靈魂訊息。

只不過，身體和意識畢竟相互牽連，如果我們的情緒處在陰晴不定的狀態，不但嚴重影響身體機能，更會喪失內在靈性的直覺及判斷力。

故而，我們會看到許多醫療專家、瑜伽老師提倡呼吸法，從科學角度來看，這是平衡交感與副交感神經，引導我們放鬆的方法；但就神祕學而論，人一旦放鬆下來，靈魂才有機會與你對話。

我從這邊抓到一個洞見——**倘若你想和靈魂連結，你就必須要找方法，讓自己處在一種放鬆狀態，即身體放鬆或情緒平衡。**

但是，如同我在前文講到的，今天你要一個人情緒穩定、不要負能量，在這個充滿貪嗔癡和惡意的世界裡實在很難做到，說實話，如果有一個人在我暴怒時，硬要跟我談論光和愛，我會立刻一巴掌拍過去。

情緒放鬆，絕非說到就能做到。但是，身體放鬆可以。

「身體放鬆」才是和靈魂對話的敲門磚，是至關重要的第一步，在於身體終究會牽引情緒，身體放輕鬆，意識就會穩定，情緒平復了，你就會聽見靈魂的聲音，找回內在的直覺力。

上一篇的自由書寫就是一例。

迷離、沉睡或專注時，靈魂才會甦醒

起初，雖然我會寫到手忙腳亂，只是時間一久，我觀察自己都是在接近專注又放空的狀態，手部動作一氣呵成，手寫出連我自己都驚訝的洞見，讓我深深感受到被一股無形的力量指引，抑或得到一種預言及庇佑。我清楚那必然是來自靈魂的訊息。

然而，在達到這個狀態之時，其實是我的手部動作早已完全放鬆，能自在地將腦海裡的想法放肆扭動，右手和原字筆合為一體，緩緩流瀉在日記上，內心不帶評價、不帶疑惑、不帶批判，甚至不哭泣。

不光自由書寫，我在國際舞蹈家廖筱婷的編舞課上，也赫然驚覺——**跳舞，也能將一個人帶入身體放鬆的冥想狀態。**

這裡所說的跳舞，不是去學習制式化的韓國偶像舞蹈、街舞、爵士舞、印度寶萊塢等舞碼，而是透過忽快忽慢的舞蹈，來感知你每吋肌膚的流動、身體的律動狀態，順帶觀察你的肢體會帶著你如何冒險。

只要嘗試過一次，你很快就會感受身體帶給你的驚喜及打破框架的程度，遠超過大腦的認知，而這些其實全都來自於靈魂的牽引。

每天早上起床，做完半小時自由書寫，我會在房間跳舞。我是不會放音樂的，音樂會給我的舞動帶來很大干擾，但請記得這是我的習慣，不代表你的狀況，你還是可以播放喜歡的音樂，一切隨你開心，不過我後面會提到為什麼我習慣不放音樂。

偶爾興之所至，我會爬上頂樓陽台舞動，以風聲、鳥鳴、工人施工鑽地的噠噠聲，配上車水馬龍的轟隆鼓譟，將整個人投入在環境音場，繼而感受我的身體想怎麼流動。

實際上，哪怕你身處都市叢林、無法走入大自然，但都市叢林依舊存在其生機蓬勃的能量。許多人鄙視都市聲響，推崇大自然最棒，那是他們從未靜下心來聆聽當下，畢竟當你把身心五感全數打開，專注探索此刻，你會發現大自然和都市，其實根本沒差。

藝術家暨劇作家茱莉亞・卡麥隆（Julia Cameron）在《聆聽之路》就談到「聆聽環境」的章節，她提到：「忽略周遭的聲音，會讓我們產生『分離』而不是『連結』，但有連結才有機會探索，有探索才會啟動覺察。」

舞動之前，我會閉上雙眼，讓自己專注聆聽周遭聲音，從近到中，從中到遠。我會聽見今天工人鑽地孔的聲音斷斷續續，不像昨天施工那樣流暢，是不是換人上班？還是他的身體不舒服？今天西本願寺的鳥叫聲沒有昨天鼓譟，可能是氣溫改變，有些鳥兒沒有待在戶外；甚至，我還可以聽到遠處電梯緩緩上升的振動，判斷也許是警衛巡視。

一旦「聽感」打開，以上都能成為你舞動的音樂素材，也能帶著你一邊向外探索聲響，一邊朝內感受環境，讓身體與內在皆能與環境連結。

接下來，我會慢慢感受自己的身體有哪邊想要動。

起初，你可能會發現它只是輕微的手指顫動，那也是一種動，不需要強迫你的身體硬要大幅度動作，你就先聆聽，讓所有律動自然發生。

輕微律動一段時間，我會觀想以手指、手肘、心口、肚臍、子宮、骨骼為中心，用這些器官來逐一舞動，比方以手肘為例，我會讓手肘跟隨環境聲音擺動，有時候當手肘在起舞，也會連帶影響其他部位跟著牽動，都不要壓抑，就讓這些漣漪擴散。

有些人會向我反饋，說他們在瘋狂舞動時會落淚，會憤怒，會吼叫，請勇敢讓這些狀態產生，因為當一個人的身體能量已經完整融入環境的自然流時，身體會牽動內在，讓他的內在能量也會跟著身體一起轉化，將積淤已深的負面情緒消融在自然維度中。

每每跳舞結束，我都是大汗淋漓，本以為十五分鐘，看時間都是一小時以上。

重要的是，你會有一股焦慮和憤怒被清空的狀態，內心無比舒暢，即便你清楚舞動後的平靜和寬恕或許是暫時，但倘若你願意天天操練，這股平靜美好的能量就會環繞在你的磁場，緩緩更新你的信念系統，並終將在某天為你帶來幸運。

靈魂，唯獨在意識迷離或沉睡，又或是完全專注當下的那刻，祂們才會甦醒。跳舞和自由書寫，能夠幫助意識進入一種「半專注半迷離」的狀態，成為一種動態冥想，實際上，我很多時候都會在這兩種狀態時，內心很快就浮現解決問題的答案。

每個人的靈魂，其實都巴不得讓自己看見天機，但必須先讓身體專注於當下，因此瑜伽、重訓、太極拳、氣功也是很好的方式。

更甚者，就連製作工藝和專注創造一件事，都可以達成這種動態冥想的狀態，我才會在這本書裡反覆強調：不要在乎美醜、不要在乎主流喜好、遵循內在喜悅的「從無到有的創造」，能對人類產生極大的治癒力。

這不只是能帶來自我拓展的豐收，還可以幫助和靈魂對接。

祝福你們都能和靈魂順利連線。

投射與被投射，都是一個覺醒過程

敞開心胸給別人投射與解讀，是一個很高的修為，
你曉得他們看到的都是投射，有九成都是這樣，
一旦你清楚自己是誰，你就不會覺得被冒犯，
還會認為有趣。

一次接受雜誌專訪，採訪編輯是一名年輕女孩，她向我承認有時候專訪明星，假設對方向她掏心掏肺，她會很擔心自己事後寫出來的文字，無法完整傳遞出這位名人的感受，辜負受訪者的真心誠意。

「我很怕我寫出來的東西，不是真相，不是他們真正的模樣。」她緊張地說。

我告訴她，世界上除了當事者，沒有什麼人可以真正了解另個人，甚至講點好笑的，連當事者都不見得了解自己。然而，我依然認為在多數情況下，人們必

須得從**「投射他人」**和**「被他人投射」**這兩件事，來協助更加認識自己。

投射效應，顧名思義是將自身情緒和立場折射到對方身上。

一個人在犯投射效應時，要嘛會對別人擁有不切實際的幻想，要嘛則會以一種「為你好」的過來人身分，指導對方應該怎麼做，但坦白說，你只是見到他發生了和你類似的情況，可是你所建議的方法，或許適合你自己，不見得適合對方。

有些心理學家和靈性工作者，會極力避免個案犯下投射效應，但這是不可能做到的事，在於人類都是得透過對「外境」的觀察、體驗和相處，慢慢認識人性及整個世界的運作模式。

一旦開始啟動觀察之眼，有投射心理絕對是過程。

當然，倘若這個人的生活經驗夠廣泛、歷練足夠豐富、閱讀量又夠、關注社會和國際時事，且長期與不同人群打交道，那麼他對某些人事物的觀察，確實會比較趨近相對事實，一個獨立思考的智者，必然會有過大量跌撞的生命經歷，可是這種人占比不多，更多人的生活幾乎是待在舒適圈，視野狹隘又封閉，他們所觀察的真相，倘若不是特別熟悉的人，幾乎全是投射。

擁抱你的每一面

關於「投射別人」和「被別人投射」，我兩者都有經驗。

我從未覺得自己多麼會觀察別人，每次撰寫名人專訪或文學與哲學的賞析，我通通是在寫自身感受。其實如何意識到自己在投射？判斷方法很簡單，當你在評論明星或不熟悉朋友的家務事時，全部是你的投射。

是的，我說的是全部。

我之前就有承認，無論是書寫李安夫婦、梁朝偉和劉嘉玲的愛情或各個港星故事，那都是我的投射，我是根據他們接受的媒體報導和說過的話，對照我當下的生命歷程，獲得一份專屬於我的洞見。

可是，那絕對不是真正的他們。我很清楚我為我自己而寫，只要那個洞見能幫助我擴大自己，我只會確保我寫出來的東西不會傷害、嘲弄、誹謗別人，這便足矣。

實際上，縱然有東方天書之稱的《易經》，古人照樣從自然現象、社會習俗的流變裡，去書寫他們對生命的啟示。無獨有偶，莊子也喜歡透過鄉野奇人如庖丁、梓慶和匠石等人的故事，延伸他的想法跟體會，以上都是一種投射，世界就是你的鏡子。

所以話說回來，當一個人在評論某明星夫妻，評論某個劈腿名人，該評論背後都是隱藏了他們的價值觀和心念，但凡意識到這點，我覺得這就會是一個認識自己非常好的方法，以及，你也可以從別人如何評論和他不相干的事件與人物，來觀察這個人到底是一個怎樣的人。

另外，當你發現自己對某個新聞事件、某個不認識名人的所作所為產生情緒，在你謾罵他人之前，請一定要先問自己：你認識他嗎？認識他多久？你有和他一起生活嗎？你和他面對面交談多少次？

如果都沒有，你就要曉得你正在投射別人，至於你為什麼會產生這些情緒？這無疑就是你和自己內在對話的契機，與其罵一個你根本不認識的人，不如正視你為什麼會出現這些負面想法。

投射別人說完了，那麼「被別人投射」呢？每個人都有被別人投射的狀況，對方把他想像和期待的樣子套用到你身上，讓你感覺到喘不過氣。

打開讀者私訊或滑網友論壇，處處都能看到他們抱怨情人、朋友跟家人，嚷嚷對方給予自己不切實際的期待，然而，他們卻從未反思自己也很愛投射別人，人類向來就是指著別人不是，罵的都是自己。

我對「被別人投射」有很大的體會，其實是因為感情。

我是一個異性緣很好的女生，不過隨著專頁漸漸被人所知，發現新認識的男人，總會因為我文章的形象賦予我一個投射，直至後面驚覺我跟奶媽不太一樣，於是就說「妳怎麼跟我想的不一樣」。

有段時間我很挫折，心想：這些人到底把我想成怎麼樣？

他們是不是以為我每天都很成熟，不會發脾氣，不會鬧情緒，是一個在外工作獨立自主，對感情也能無條件包容跟支持的溫柔女人，可是說實話，我這個人本質到底溫不溫柔？親近我的朋友和長輩們都很清楚，他們總怕我被欺負，比我還更擔心我選擇的情感對象，或是我交的新朋友。

甚至，我的經紀人還告訴我：「妳挑伴侶要慎選，妳太溫柔，遇到心地很壞的，很容易被吃定。」

我他媽就是一隻紙老虎。

以及，我遇到傷心的事情全部自己消化，不是愛面子高自尊，是我盡可能不想打擾任何人，我怕別人承擔我的負面情緒，我怕別人會因為我展現不完美的自己而討厭或離開我，我的文章乍看是個堅強理性、觀點還有些超脫的奶媽，實則卻是一個終生都在學習如何好好愛自己的，一個不勇敢的高瑞希，兩個角色會依據不同情境來回切換，我努力維持平衡。

只不過，我曾經會對朋友與愛人試圖掩蓋高瑞希的那一面，想著自己一定要表裡如一的完美，要做一個顧全大局的人。

直到某次和一位長輩聊天，他以過來人經驗提醒我：「**人有很多面向，如果不是嚴重造成他人困擾，妳的每一個面向都沒有對跟錯，妳要先接受自己所有的狀態，才會更清楚分辨其他人對妳的評價**，到底是真實的妳，還是他亂說一通，純粹就是想影響妳。」

心裡瞬間開闊。

我為什麼不能擁抱自己所有的面向？我為什麼要完美？聰明有智慧的奶媽是我，奶媽的洞見是我寫的，她真的是我；可是，那個還在學習的高瑞希也是我，我內心有幼稚、渴望被理解的一畝地，那裡仍舊住著一名小女孩。

偶爾難免想任性一回，想說反正自己還沒有到四十歲跟五十歲，你要我多有智慧？

後來想想，即便是四、五十歲的人，有些大叔大姊不見得有多成熟，處世方式不見得多圓融，結果發現重點恰恰在此：無論幾歲，我們終生都在修練，都在成神、成魔與好好做人這三者間反覆遊走。

因此，每個人必然會有很多面，有很多角度的觀賞方式，那是自然現象。

那一刻，我終於願意接納小女孩的高瑞希了，我知道她其實很棒，起碼她願意敞開所有，起碼她不會輕易討厭任何人，對所有事情第一時間都是嘗試理解跟反省。

在投射或被投射裡，你看到怎樣的自己？

來來回回遇到太多對我胡亂投射的男人，我從不知所措、老認為是自己的問題，再到現在：我覺醒了。

我知道不是這樣。

日本傳奇影后樹木希林曾在一篇文章寫道，她很喜歡接受專訪，看看別人是怎麼樣寫自己：「有時候會出現一種：唉呀，原來我在你的眼裡是這個樣子，真是有趣。」

敞開心胸給別人投射與解讀，是一個很高的修為，你曉得他們看到的都是投射，有九成都是這樣，別人會不懂你，或是胡亂解讀，不過是他們正在經歷一些階段，故而從你的言談裡看見他們需要的。

寫文章同樣如此。斷章取義的人，總是看到他們想要看到的，往往是他們的缺乏；一個人在不完全認識你的情況下，就對你妄自評斷，一旦你清楚自己是誰，你就不會覺得被冒犯，還會認為有趣。

這是完完全全的自信心，跟對他人真正的理解。

現在，遇到男人把他們期待的情感模式投射到我身上，我不再忙著符合他們想要的樣子，不再因為達不到他們的理想而感到自棄，在於我清楚我身上有很多優點，真正想要認識我的人，他會願意多給幾次機會，嘗試理解我不一樣的面向。

我深信前方絕對會有人喜歡跟欣賞全部的我。待到那時我所能保證的，是我給他的支持絕對超乎他想像，他會知道什麼叫做扎扎實實的安心，畢竟他願意理解所有的我，我又有什麼理由不去珍惜與感恩這樣的存在？

不過換言之，這段頻繁被異性投射的覺醒歷程，除讓我更了解自己、懂得捍衛自己之外，無疑也是提醒我在戀愛關係裡，不要將這樣的心態投放在別人身上，一旦發生這樣的情況，也是立刻進行自我覺察，取代貶低他人。

無論投射他人，抑或被他人投射，關鍵之處仍在於：**你從這些主觀和他者的投射裡，到底看見了怎樣的自己？畢竟無意識的投射，跟有意識的投射，會產生截然不同的洞見。**

輯四

相信，你已經被愛

不想負責的愛，不是愛

我們都渴望一個全然理解自己的人，
他能承接你的不安，尊重你的情緒，理解你的龜毛原則。
關係和追逐夢想一樣，
過程不會只有快樂。

上週姊妹G找我吃飯，我曉得她又要抱怨和前男友歹戲拖棚的關係。每次聽到G的戀愛更新，與其說不耐煩，內心更多是難受，我清楚看到她正在被這個男人反覆糟蹋，但我卻明白自己無能為力。

G和前任的關係並非什麼特殊情況，許多男女都有碰過這類糾纏不清，其反映的不光是人類的貪婪，更呈現我們對「建立關係」與「愛」仍舊存在某種盲區，但說穿了，真相往往異常簡單，都是當局者迷。

G和前任藕斷絲連，男方之前先是跑去和炮友交往，事後分手重新回頭聯繫G，聲稱對她仍有感情，希望能重新開始，雙方就此開啟長達五年的揪心牽扯，不過就旁觀者看來，揪心的那一方都是G，男人倒是一路快樂逍遙。

G的內心深愛男方，五年來經常被邀請到男方家裡住，做愛、擁抱、親吻和日常問候無一不少，就是遲遲沒有得到男方承諾。

前男友甚至告訴G，他仍想保有和其他女生朋友約炮、擁有逢場作戲的權利，他沒有復合打算，即便如此，他依然對G說道：「我是很愛妳的。」

愛到昏頭，總會自我說服。

即便G知道她想要的是一份確立關係的承諾，然而，她總會以「我們是開放式關係」包裝這股自我犧牲的偉大，刻意忽略自身感受，她不願意承認自己患得患失，早就非常不快樂。

頂著微醺酒意，G喃喃自語：「我知道他是愛我的，不然不會每天傳簡訊關心我。」

只是下一秒G又坦承，現在一旦和對方表達自己困惑與不滿的情緒，或嘗試和男方溝通彼此關係，哪怕只有一點點，男人立刻就不耐煩，還會義正辭嚴地對她說：「妳看吧，就是妳這種個性，我就沒辦法跟妳復合啊！」

談到這裡，G難掩悲傷。

「我都懷疑是不是我的問題？」

「我現在完全不敢把我的想法告訴他，他會認為這是我的情緒，可是我已經痛苦到無法承受，我不喜歡這種不上不下的關係。」

G問我：「他說他愛我，真的嗎？」

「他到底把我當成什麼？」

坦白說，以上問題很好回答，最讓我痛心的反而是G對我投出的下句話。

「我是不是真的哪裡有問題？我是不是不應該把情緒丟給他？」

部分人會合理化G前男友的做法，他已經和女方講那麼清楚，是G裝睡叫不醒，是她甘願，是她活該，然而，我反而從G的前男友身上看到，這個男人對「愛」

的想法太過淺薄，其嘴上對G說的「我愛妳」，根本不是愛。

現代人自詡前衛，亟欲反傳統，經常用「以愛之名」做包裝，實則不願意承擔「愛」本身所帶來的甜蜜負荷。

G的前男友想要的，是一個沒有負擔的關係。

這個男人，他現階段無法承擔關係裡的責任，他只想要擁有愛裡「好」的那一面，他想要快樂隨性，想要做愛滿足性慾，想要擁抱和陪伴，他想要的是享樂，是欲望的滿足。

我對G說：「這是一個不知道愛，也不懂得愛的男生，除非妳可以沒有名分陪著他玩樂，並給予他四處和其他女生約炮相處的機會，不然這個男人我會建議妳先暫離。」

「他沒辦法承擔關係裡伴侶的情緒，他會覺得麻煩。」

「他只想要好的，不想要壞的，可是這是不可能的。」我說。

人生不可能只有快樂

任何關係，包含家人，絕對都有責任，這個責任必然涵蓋他們的情緒，在於磨合溝通一定會有情緒。

包括你自己，哪怕你自認藏得很深，或是不擅長表達情緒，你絕對也會讓家人承擔你的陰晴不定、忍受你的原則。請試想，一個人不擅長表達自身情緒，搞得家人愛人只能猜測他在想什麼，其實這對他身邊的親密愛人來說，難免是痛苦焦灼的難捱。

你以為只有你在忍耐別人嗎？別人也在忍耐你。

現在遇到男人對我說，他認為承擔伴侶情緒「很煩」，我會直接在心裡打叉，我知道我只能跟這個男人當朋友，他骨子裡並不成熟，幾歲都一樣，老男人也有這種毛病。

我不會這樣對待我的伴侶跟家人。沒有這種「責任感」概念的男人，我都不會和他們在一起，況且我是這樣的人，我只會想跟三觀和我一樣的人相愛。

煩歸煩，我還是要知道如何與親密的人溝通相處；煩歸煩，我還是得嘗試；煩歸煩，我還是會理解，並在做我自己的同時，試圖和他們的自我保持平衡。

因為我愛他們。

我們都渴望一個全然理解自己的人，他能承接你的不安，尊重你的情緒，理解你的龜毛原則。

但是，光想達到以上，就是得經歷彼此磨合的艱辛和不耐，人生從來就是己所不欲勿施於人，你想要別人這般對你，你自己卻對對方做到多少？

關係和追逐夢想一樣，過程不會只有快樂。

哪怕現在有一對「只想追求快樂」的男女，即便他們在一起，依然會有不快樂的時候，就像G前男友和炮友的關係，他們交往了，最終還是分手，因為經營關係和逢場作戲就是不一樣。

逢場作戲的快樂跟輕鬆，時常會讓人混淆這就是愛，但這頂多是一種根基欲望的喜歡，要想明白對方愛不愛你，你愛不愛對方，其實需要時間。

另外，倘若你是以「快樂」為目的和對方相處，真正交往後也會空虛，畢竟快樂是一陣一陣，人生不可能只有快樂，尤其你們決定要共組家庭，培育信任感，那更是如此。

真正的愛是，彼此能互相接受

我有一個朋友S，我很喜歡和他相處的感覺。

我可以對他吵吵鬧鬧、哭哭啼啼，盡情分享我的情緒，儘管S經常把我的情緒當成笑話在看，覺得好奇，覺得有趣，不過他覺得煩的時候也會直說，只是頻率非常少，我曉得他在忍我。

一切都是相對，S對我講話也很直接。

因為S聰明，講話力求精簡，說出來的話乍聽刺耳，簡直刀刀割破頸動脈，搞得我內心大噴血。

而我每次也會不客氣地直接回他：「欸，你講話一定要這麼難聽嗎？」可是說歸說，我不會要求他改變。

必須說，這是我史上最愛的關係。

我知道S和我彼此信任、互相尊重；我們接受對方的樣子，嘗試理解對方各種面向；我們對對方的心是敞開的，沒有隱藏，真摯萬分，我清楚他也是如此理解我和他的關係。

我們從來不對彼此說，那是不證自明。

世界上真的有這種連結，朋友家人都可以存在，這是愛。但想達到這個前提，必須成為一個懂得承擔關係好壞的人，做一個懂得互相的人。

經常看到一個說法，地球無私地愛我們，宇宙無私愛我們。地球，祂撐著人類製造的空氣汙染、戰爭、病毒、萬千宗教，祂努力撐著我們各種醜陋模樣。

哪怕再不甘願，哪怕地球也會憤怒哀傷，製造海嘯和火山爆發，地球依然有情緒，卻依然給人類留一條後路生存。

祂承接了萬物之美，眾生之惡，這才是愛。

或許你會問：為什麼愛一個人就會接受？為什麼接受過程必須經歷痛苦？在於你可能會發現，這個人亟欲控制的背後是一種不自信；你會明白這個人貪婪的背後是恐懼失去；你會明白他的情緒胡亂爆發，背後其實是他不擅長精準表達情緒，但沒有什麼是不擅長，通常都是不敢，而不敢背後可能涵蓋不安全感。

愛一個人，你就會看到他們表相之後的本質，因為懂得，所以慈悲。

但同時，你會曉得要想長相廝守，自己不能一味隱忍，你不能合理化這個人的貪婪、控制欲及情緒不穩定。

所以，你還是得表達你的立場、陳述你的感受，痛苦的就是這個過程，如何學習從碰撞到融合，到最後雙方好壞全收。

但這也是證明你們愛的旅程。

地球怎麼愛人類，你怎麼愛你的夢想，你怎麼愛你的家人，你就會知道愛是什麼。

愛是看見陰陽，看見太極，看見光影，但我和你，互相接受。

向愛人表達情緒，應該，也不應該

內觀情緒、找方法釋放情緒，
以及適時向愛人表達情緒，
對一個人內在本能的維護是很重要的。
這能夠幫助你更了解自己和別人。

在上一篇〈不想負責的愛，不是愛〉提到，我很心疼G在關係中自我懷疑、不敢向伴侶表達情緒，然而，關於「該不該向親密的人投擲情緒」這個問題，曾經困擾我很長一段時間。

從小，我就是一個情緒層次較旁人豐富的孩子，且我的情緒不光源於當下感受，也包含無遠弗屆的想像力形成的自我耽溺。

過年和長輩說吉祥話，其他孩子會說些正常如年年有餘、歲歲平安等，唯獨我會莫名其妙對長輩說「顧好眼睛」，只因看到這個人從進門、吃飯到聊天總是在揉眼睛，幻想他的眼睛是不是出問題？是否會瞎掉？自顧自地產生心疼跟恐懼。

多數人被誘發情緒，多半是某個外境人事物帶給他們直接衝擊，且根源皆指向他們本人的狀態。

例如誰對你做了什麼讓你不開心，因為感受自己被欺負；又或，你看完一部充滿共鳴的影劇跟書，產生聯想或投射效應，開始回憶死去親人、緬懷逝去愛戀，或者從角色身上看見過去的自己，於是傷春悲秋。

坦白說以上情緒很好處理，它們的發生狀態是直線的，是有所本的，有邏輯的，皆屬正常現象。

但是，我的狀況不大一樣。

除了上述一般人會發生的情緒脈絡，我更包含「明明就不是我自身經歷」的情緒，然而這多數是架空的，無所本的，是憑空冒出的。

我會自動幫漫畫人物延伸他們的原生家庭，會為花草樹木套上人設，幻想他們人生的來龍去脈，苦他們所苦，和他們講話，但這在其他同輩看來就是自言自語的怪咖，導致小時候我經常被欺負。

我母親說我小學一年級寫過一篇短篇散文，是關於離世阿公留下來的錄音機，裡頭錄著心愛阿嬤對他說的情話。

母親看完拿給其他阿姨看，一群女人聚在一起討論：「奇怪，爸爸有留下這種錄音機嗎？」結果事後發現是我瞎掰的，但這個短篇故事我仍舊哭著寫完，我幻想阿公和阿嬤有至死不渝的深情，可怕的是，在現實生活裡，我跟阿公阿嬤根本不認識。

情緒本身是真實的，感受永遠照見自己，你現在有的悲哀嗔恨狂喜和溫柔，一旦發生了，它就不容忽視，都需要被接納。

然而，當一個人的情緒動機是憑空冒出來的，這說明我無時無刻都會探出幽微情緒，朋友總稱讚我能用理性方式解構情緒的枝微末節，我更曾被好幾個影劇同業說很適合當演員，因想像力太豐富。

不曉得有多少人能想像，這個狀態放到日常生活著實辛苦，代表我自小就在和隨機噴射的情緒浪濤共存，任何有所本與無所本，都能讓我的內在翻騰，幸好我有創作支撐，我也一定要這麼做，不然我會瘋掉。

那麼回到文章主題，一個擁有如此繁複情緒狀態的女人，我怎麼和我的家人、朋友或歷任男友相處？他們受得了我嗎？

基本上，倘若我用所有情緒在和他們相處，他們絕對會離開我，沒人能夠長期受得了一個隨時水裡來火裡去的人。

因此，我是反覆在每段關係磨合的過程中，最終知道如何觀察、辨識，甚至控制我的情緒，只是這一路走來，我也確實經歷過度壓抑到過度爆裂的過程，最終取得中間值。

試著感受情緒，了解緣由

一個人該不該向伴侶和家人投擲情緒？我個人的見解是：應該，但也不應該。

首先，你要先觀察你的情緒是怎麼來的，是奠基在現實情況，還是你憑空冒出的小劇場。

就像你看到別人買了雞蛋、火腿和飯，大概可以推測他今天晚餐應該會煮火腿蛋炒飯，然而，當你看著火腿和雞蛋，卻推測晚餐應該會有牛肉麵，只因他平常愛吃牛肉麵，那麼做蛋炒飯之餘，應該會順便帶一份牛肉麵吧，那這個完全就是你英明睿智的胡思亂想罷了。

任何情緒的發生，在尚未向他人陳述之前，你要先沉澱下來、自行過濾一次，這才是我定義的「情緒覺察」。

有些人會把情緒覺察當成一種完成式，自己先對別人發飆公審一輪，才思考當初為什麼發飆，這是一個不成熟的做法，到頭來還會變成批判自己。

只不過，當你不小心這麼做了也無妨，只是你到頭來總會明白，任何事情都是「己所不欲勿施於人」，你不喜歡被別人這樣胡亂發瘋，就不要對別人做一樣的行為。

時下都在講同理心的重要性，但同理心的關鍵，始終是不要對別人做連你自己都不希望別人對你做的事。所以對我來說，情緒覺察不是完成式，而是現在進行式。

情緒產生的瞬間，哪怕是憤怒跟悲傷的激動，我都會先深呼吸三次，讓自己先冷靜下來，觀察現在情緒是奠基在真實情況，還是我的憑空腦補。

其實，當一個人願意反覆練習情緒覺察，他的消化和判斷情緒速度會隨著時間與經驗變得非常快，情緒覺察是一種技術活。

如今，我已經可以快速釐清此刻冒出的情緒，到底是自己的任性妄為，還是確實是被外境干擾，但這是長達三十年的反覆修練得來。

一旦察覺到是胡思亂想，通常我會明白這個胡思亂想的背後，涵蓋的是我對自己根深蒂固的不配得感，那麼我會讓自己投入創作、運動、冥想、去寺廟拜拜，或是藉由自由書寫來發洩，以此取代直接向家人噴射我的負面狂想。

我曉得對有些讀者來說，「冷靜觀察情緒」是困難的。

實際上這確實急不得，且不需要因為沒辦法馬上做到又自我厭棄，但這是人類必須努力達到的方向，畢竟當你對自己的內在更認識，你也會從而理解他人的狀態，我們都說認識自己就是認識別人，情緒覺察的訓練絕對讓你獲益良多，更能看懂人心。

然而，當你觀察自身情緒後，發現這是奠基在事實情況，比方伴侶向你擺出不耐煩的臭臉；朋友對你說出讓你感到不舒服的話、做出讓你感到委屈的行動；同事的某個行為讓你覺得被越界、覺得不被尊重。

此時，理直氣和表達感覺就是至關重要，你應該要勇敢向對方說出你的底線和感受。

我是一個底線寬廣的人，因為長年情緒過於翻騰複雜，導致後面慢慢看開（不然怎麼活），曉得很多情緒也沒什麼，我對別人的原則也相對能理解與包容。

弔詭的是，我周遭朋友多數是毛很多的人，於是我經常碰到的，是他們會向我提出他們的雷點。

坦白說會提出來，多半是我踩到了嘛，只是我一律抱持感恩的心，因為他們對我格外溫柔，也讓我看見情緒從頭到尾就是可以被表達，端看你用什麼方式。

用溫柔的態度陳述感覺，就可以是美好的溝通過程；相對地，用全世界都要配合你的爆裂來陳述你的情緒，那麼就是一個神經兮兮、讓人退避三舍的瘋婆子。

學習表達情緒，才能更靠近對方

難免遇到一種情況，是當你嘗試陳述感受，卻不被對方看重。

我有一個朋友A，女友對他說話老愛擺臭臉，且口氣都讓他感到不舒服，但女方總是以「我擺臭臉又不是為了你」、「你也想太多了」來回應，堵住A的嘴，讓A長期處在自我壓抑的狀況。

此時，你可能就要意識到，要不是他沒那麼重視你，不然就是你們本質跟溝通頻率並不在同一個線上。

如果朋友和伴侶屬於前者，建議斷捨離，**不重視你的感受、不願意用心經營關係的人，何必在一起瞎耗**。

假如是後者，雙方就要有心理準備溝通起來會曠日費時，可是任何溝通都是這樣，沒有一次溝通不累人，我們都是在反覆耐心磨合之下更加靠近對方。

內觀情緒、找方法釋放情緒，以及適時向愛人表達情緒，對一個人內在本能的維護是很重要的。

內觀情緒，能夠幫助你更了解自己和別人。

找到抒發管道釋放情緒，不只能定時清理能量場，你也可以在創造的同時，同樣觀照你的感受流動，甚至獲得療癒。

但是，**學習向他人表達情緒，是幫助別人更了解你，也是給你一個觀察機會，看看身旁的人，到底有誰是可以真心相交的關係**。

缺一不可。

你要相信，你絕對配得上你想像的一切

觀察那些「真正遇見幸福的男女」有怎樣的特質？
其實他們普遍的共通點和才華容貌地位不見得有關，
是他們發自內心對自己的存在充滿信心，
我們不需要值得，我們「已經」值得。

二十幾歲是一個眼淚不值錢的年紀，時常情緒一來就哭，哪怕是為感動落淚，可是這股感動又沒有特別純粹，多半夾雜自暴自棄和怨天尤人。

最常遇到的，就是聽聞某對夫妻恩恩愛愛、相互尊重的故事，我總會在第一時間心生豔羨，接下來就變成林黛玉，心想怎麼無法遇到這種神仙愛情，開始抽抽搭搭哭了出來，整個人自憐自哀，想著身上必然哪裡不好，才沒辦法獲得這樣的關係。

每個人在乎的事物都不同。

有的人喜歡在追逐事業和愛情的過程中建立自身價值，透過不斷達到目標、追求完美的過程裡振奮自我；另一方面，有的人追求事業、愛情或身材容貌，不過是想做給別人看，做給家人看，做給朋友看，做給過去某些瞧不起自己的人看，大抵想證明自身價值。

坦白說，我向來對事業的態度隨順因緣，做什麼一律不計後果，全憑一股熱情埋頭苦幹，因此我清楚自身職涯發展比同輩都順利，有時候人就是要什麼都別想，你就不會預設期待，腳踏實地解決問題，不知不覺便得償所願。

只不過，愛情始終是我的難題。

我在感情上是一個容易患得患失、鑽牛角尖又情緒化的人。

我始終將「關係」看得太認真，曾跟朋友聊到自己是一個非常需要婚姻的人，但若問我為什麼想結婚？我卻答不出所以然，直到近年終於了解，我想要結婚，不過是想一個彼此都能全然理解和接納對方的所在，我想要的，是一股全然地、扎扎實實地，屬於我的安定感。

弔詭之處就在這裡。**婚姻與安全感，從來不是等號論。**

放下你認為的「我不配」

今天放眼望去，滿大街是離婚的人，到處是劈腿或爭奪財產的怨偶，足見婚姻固然能給予法律與財產的保障，可是人心終歸是瞬息萬變。好的，既然我渴望的從來都是靈魂上的共鳴，我又怎會如此執著婚姻？

所以，與其說我是想要一段穩固婚姻，更不如說，我要的是一種「能被我掌控的形式」，至於這股掌控欲的背後，涵蓋著我對自己的不自信，以及深深的「不配得感」。

現在要講一件恐怖的事。

一個人的不自信與不配得感太過強烈，不光會把你變得面目可憎，更甚者，你會搞砸一段明明就很美好的感情。

回顧過往所有感情和曖昧關係，我抓到一個脈絡，但凡每個男人和我相處聊天幾次，都會喜歡上我，並且信任我，沒有聽錯，屢試不爽，是每一個男人，只是現在我說這段話不是想自誇，相反地，這到後面會變成一種深刻的諷刺。

一直以來，我清楚自己絕非天仙美女，但身上必然有吸引男人的地方，儘管我搞不清楚那是什麼，可是不管怎樣，我即將迎來的結論才是重點，且這個結論對其他女人男人來說，興許相當丟臉且難以啟齒，即是：這些被我深深吸引的男人，他們總是在確定關係之後，皆會離我而去，且我清楚這不是他們的問題，而是出在當我「失去自我」的那一刻，我就瞬間變得毫無吸引力，還會像一個討人厭的怪物，完全不像我自己。

品格優秀、條件好的男人喜歡我，以前的我會想要趕緊抓住，深怕錯過這個男人，要是被其他人搶去怎麼辦；再者，就算踏入一段關係，倘若太過幸福安穩，我就會擔心這份安全感會失去，遂將這種杞人憂天的情緒傳遞給另一半，搞得伴侶感到壓力山大。

此外，更別提我數度說到，我曾聽信某任男友建議，為他改變穿著、運動方式、生活習慣，成為一個不是自己的人，只因我恐懼失去他。

我寧願以「失去自己」、「不像自己」的代價，以求掌控每一段關係，我內心那份永無止境的恐懼、軟弱和貪婪，取代了愛的純粹和快樂，甚至丟失自我。

在第N次戀情挫敗後，我大夢初醒。

我終於從「全天下男人都欠我」的受害者情結清醒，我不願意再當憤世嫉俗、自我厭憎的李莫愁，在於連我自己都明白，身為一個滿腦子被不配得感、不自信占據的自己，毫無魅力可言。

一個人身處在一個「我不配」的狀況，遇到任何再幸福美好的人，你都認為自己不值得，接著開始做些莫名其妙的努力，結果越用力，越使不上力。

就我起初的立場，我是想要變成「對方喜歡的樣子」，但我卻忘記當初這些男人會喜歡我，恰恰是我不做任何改變的時候，他們就是喜歡那個全然誠摯、率性隨性的我。

長此以往，我都很想調整我那根深蒂固的**「不配得感」**信念，卻總是反反覆覆，像是推石頭上山又滾落的薛西弗斯，一下覺得自己改了，一下又被打回原形，然而就在某天，當你幡然醒悟的那刻，你會發現那經常是一個毫不費力的轉折，就像長年黑暗的房裡突然亮盞燈，你看見門，就這麼輕易走了出去。

記得那一盞燈，是我和好友H的對話，坦白說H並沒有對我說什麼，他是一個木訥到有些無趣的人，但我卻在與H那天的互動裡，被一股深邃的感動包圍，產生了一種洞見。

那一天，依然聊到某個挫敗經歷，我抽泣到連話都講不清楚，重點明明只有一句，我卻嘖個一百句，H一路安靜聆聽、嘴角淺淺微笑，我向來就喜歡H的沉默，總能給我一種無形安定。

說著說著，哭著哭著，突然不曉得哪來興致，我詢問H想不想聽我講某部電視劇的心得，他點點頭，說好呀，我的淚水瞬間收起，手舞足蹈和他分享不曉得在哪兒體會到的大道理。

這段哭哭笑笑宛如瘋子的過程，我始終有個上帝視角在觀察H，發現H固然極其冷靜地陪伴我，同時明顯地在分析我、照顧我的狀態，且背後是帶著一種悲憫眼光。

一剎那，忽然明白什麼。

倘若是陌生人旁觀我的狀態，絕對會認為這個女人哭笑不得到有些滑稽，但這個狀態的內核是悲傷的，那是一個多麼不完美，多麼缺愛且孤單的人，猶如契訶夫筆下對著客人滔滔不絕喪子之痛的馬伕，又或為情所困喃喃自語的伍迪．艾倫，誰來聽我說說話就好，每個人總是在無意識的滔滔不絕中，洩露自己貫穿前世今生的孤寂。

說這麼多話的我，到底有多麼空洞呢？正是多出這種後設眼光，我瞬間意識到這份孤寂感就像一個黑洞。且在當下，我的內心冒出一個提問：高瑞希，妳真的認為自己不配嗎？妳當真覺得自己沒人愛嗎？

那一秒，空氣沉寂下來，我安靜了，默默瞅著H的眼睛。

我從他的眼神看見尊重與愛。我看到一個朋友能讓我盡情地大發神經，大放厥詞，一路陪我哭笑，不帶任何批判眼光和言論，沒有任何不耐。

我知道H曉得我此刻的脆弱，他清楚我目前最需要的是傾聽，我從H無聲的眼神和做法裡，窺見一種被細柔的繭包覆著，不疾不徐的，只為等待你重新樂觀起來的，一股靜置卻守護的溫柔，

接下來，我從H的眼裡看見更多，跑馬燈似的。

我見到我的母親，見到家裡的狗，見到我每一位好朋友，見到長河落日大草原，見到闇夜閃耀的極光與烈焰，見到萬古不變卻時時變化的月亮，最後再延伸至遼闊的宇宙洪荒。

最可怕的孤單，是「你以為」你孤單，「你以為」你不配。

你早已被深愛著

你以為，這是一個相當侷限的思考模式，就像死盯某一個字不放，它不但會越看越不像那個字，你還會失去看向其他字的機會，如同我緊抓著「不配得感」和「不被愛」的信念系統，我喪失其他發現愛的可能，但至關重要的是：**你認為的不配得感和不被愛，從頭到尾都是假的，這個概念根本不是真相。**

東方天書《易經》時常在講平衡，不少科學家證實宇宙的運作模式是相對論，萬物包含人類，跟各個星系與星球的生成一樣，我們都是由原子分裂重組而來，故而你舉目所見的，可以觸摸到的，包含已經消失的，它都是你，宇宙就是一為全，全為一。

你早就擁有全部的愛，你不是值得，是已經。

值得，是資本主義之下的對價關係；已經，才是宇宙定理。

宇宙是相對論，今天有人無條件陷害你、討厭你，就有人無條件深愛與相信你，甚至，你早就已經被地球這個地方深愛。請你試想，假設你今天沒有被泥土支持，沒有被天空疼惜，沒有被氧氣滋養，我們站穩的大地早就全面塌陷，天空早就崩解壓垮，我們根本吸不到任何空氣。

更為令人驚嘆的還有，這股「已經被愛」的概念，包含情緒。

當你在房間裡抱著棉被，為了被拋棄而痛哭；當你與朋友舉杯交歡，慶祝找到新工作或新對象；當你為所愛之事拚盡全力，卻因成果有限而感到沮喪；甚至，當你面對愛人和親人離世的創痛，但在非線性的宇宙裡，你和前任的愛，你與家人的愛，它們仍舊在某個時空裡存在，它不是曾經，它到底是存在過。

我們前世今生的所有情緒，每一回的喜悅與悲傷，地球的其他人都在和你共享，這也是榮格集體潛意識的部分概念，正因每個人都和自己一樣嚮往愛，足以證明「愛」自始至終已經存在，且正在被你們的意念滋養、等待你看見。

地球在支撐你，愛你的人在支撐你，過去和未來在支撐你，等著你堅強。

不為他人，而是為「自己」變得更好

當然，一個人的不配得感，是有根源的。

從古到今，我們都容易相信這套理論，許多兩性文章也無所不用其極灌輸這點，如果一個女人把自己身材變好、容貌整好、追求事業成就、培養藝術品味、發展多重技能，就會遇到優秀的另一半來愛自己。

乍聽起來，這個理論不是假的。

社會向來就是現實，倘若把自己的物質世界弄好，容貌打理整齊、努力成就自我，你本來就比別人相對有選擇權，的確能夠吸引到各種各樣的對象（好壞都會吸引到），這個不分女性，男性也是如此。

但倘若世界真的是這種運作邏輯，為什麼我們還是會看到許多優秀男女遇人不淑？抑或，有些人經常會鄙視部分男女，明明相貌普通、事業普通，為什麼就可以吸引到優秀的名人來愛，他們到底憑什麼？

由此可見，把「自己變得越來越好就值得被愛」這件事，它不是完全成立。主要還是動機。

我變得更好，就值得被優秀的人愛，這個概念的後續效應是危險的，你的起心動念是希望「被優秀的人愛」不是「成就自我」，你是基於一份「想要向外索討愛」的欲望選擇成就自己。

你不是真心為了你自己的創造、你自己的探索、你自己的進化、你自己打從骨子裡真正熱愛的事物。

更甚者，你是否有釐清過「優秀的人」的定義為何？

是大帥哥大美女，是白手起家的企業家小開，還是兩者都要具備，那麼達到物質世界的標準，對方四處跟異性放線、花心、愛說謊、對家庭不負責任、傲慢虛榮公主病、對你動粗、殺人放火都沒關係？

或者，你想要追求的優秀的人，到底是不是你靈魂真正適合的？

還是你追求的不過是你的匱乏，認為美女帥哥名人愛上自己，就顯得你多厲害一樣？你愛的根本不是他們的本質，是你創造的幻影，時間久了一樣崩壞。

自我價值低落是一個魔鬼，讓你即便整型得跟林志玲一樣美，你仍舊覺得不夠，醫美越打越腫，向粉絲不斷索討讚美，但你總是認為自己不值得；哪怕名聲比蔡依林還高，事業成就達到頂峰，你都不會開心，時時刻刻擔心自己墜落，一墜落，你就沒人愛了。

但更可笑的是，你長年被灌輸的、所相信的信念，根本就不是宇宙真相。

現在的我，已經清楚明白自己已經被愛，生活就此產生翻天覆地的改變。除了更加珍惜在我身邊的親人朋友，我還認識很多善意有愛的新朋友。

工作方面，我每天只想著如何精進寫作，如何在日常探索許多好玩有趣的體驗、提升並擴散我的能量；感情部分，我更加清楚我要怎樣的男人，廣結善緣，願意多花時間認識不同異性，失去不留戀，遇到好的不再著急，我相信我這麼優秀美好，不可能沒人喜歡，實際上也的確如此。

觀察那些「真正遇見幸福的男女」有怎樣的特質？其實他們普遍的共通點和

才華容貌地位不見得有關，是他們發自內心對自己的存在充滿信心，我們不需要值得，我們「已經」值得。

正是抱著這種「我已經被愛」的信念，他們所進行的創造都與他們的熱愛有關，這使他們充滿魅力，很難不被欣賞，也會幫助他們辨識出真正適合的對象。

唯獨你先相信，你絕對配得上你想像的一切。

當自己的開光者，那才是自信

你要清楚你的暗影，只能被你的光明消融，
別人充其量只是引導和陪伴，
但開光者只能是你，
也必須是你。

昨天和一個朋友聊天，向他說一個祕密。

我說：「以前的我，相當享受被別人看不起的感覺。

「妳不覺得被別人看不起很爽嗎？因為他們根本不曉得妳可以做到多少，我很享受的是，當我靠著自己穩穩地站起來。

「雖然花上七、八年時間，但我心裡就是知道，我可以做到。」

然而，我以前這種心態，表面上是正向樂觀的顯化法則，背後隱藏的依然是一種憤怒的底色。

我雖然享受別人瞧不起我，並用他們「瞧不起我」來作為一種向上的力量，實際上，我一向清楚我是一個捧殺派，若想讓我墜落，就是要瘋狂稱讚我，讓我看不見盲點。反之，越是瘋狂打擊我，只會讓我更加享受，你們就繼續打擊吧，我會爬起來給你們看。

但是，將「他人瞧不起自己」視為一種動力，終歸存在著「向他人證明自己」的軟弱。

我還是充滿著需要被肯定的心理，哪怕我的心態和其他受害者思維、越被打擊越不敢活出自己的人顯然不同，但劣根性都是一樣。

可是現在，我不是這樣。

我任何的穩扎穩打，是為了迎接每一次精彩的冒險跟體驗，是為了我自己的好奇心跟喜悅，我曉得唯獨我更加堅定研究我喜歡的事物，我才能在未來和更多高手們相遇，事實上，現在便是如此。

我們會彼此拓展對方的視野。

曾有一位前輩告訴我，或許就是我的老靈魂使然，哪怕我再怎麼無助，再怎麼不相信自己，但是我的底層最根源的信念系統，依然是相信「我已經被宇宙深愛」這件事。

老靈魂向來就擅長引導，我才能走到這裡。

哪怕默默無聞、實力被瞧不起跟被取笑的時候，我的心裡依然萬分明白，從現在開始，只要我給出什麼，我必然會得到，哪怕時間不見得如我預期，因為宇宙是不管時間的。

我的信念系統，是堅定的相信：給予，即是得到。這是一個非常美麗的時刻。

但是除了老靈魂，我想要探索自己更深，我想要把底層信念再剝離得更純粹一點：你何必跟別人證明自己？你不需要跟誰證明自己，而是遵循你的好奇心，你才能有勇氣做出更有趣的嘗試、寫出更讓人看不懂的東西。

你會越來越孤獨，可是那才是真正茁壯的信念。哪怕前方迎來的是孤獨，我還是不允許自己成為一個放著劣根性卻視而不見的人。

曾經頻繁痘疤雷射做醫美，我會承認我是偷懶求快，是我不願意用健康、慢慢來的方式對待我的身體跟肌膚，我就是愛熬夜跟吃爛食物，把自己皮膚硬生生搞爛。

沒有關係，我願意花時間重新調養，但我絕對不會振振有詞，將瘋狂醫美、努力服膺主流審美又不當照顧肌膚的自己，視為「愛自己」的表現，我做不到對自己說謊。

哪怕過去享受被瞧不起的感覺，但我也清楚這個享受的背後，隱藏的是我看不見的憤怒跟隱忍，實際上，任何刻意為之的強烈感受，哪怕是享受跟欲望，都是一種側面反映你劣根性的暗影。

我會看見。我曉得原來我的骨子裡還是想要向別人證明自己，但這是不需要且有害的。

我在愛情和事業中受過許多傷，也傷害過別人，我不會把這些傷害當成一種心理匱乏的理所當然，知道你哪裡有問題，你就他媽要調整。

神奇的是，在一次次調整成功又失敗，失敗又成功，成功再失敗的過程，我發現我的狀態越來越好，每一次的調整都沒有白費，自信心一步步建立。再到後面，我是真正享受不斷撕開假面具和框架、努力改善的自己。

我覺得真正的自我和自信，是在不斷看見自己的過程中，被穩穩地扎根，向上成為通天塔。

終於，之前在花蓮做清醒夢的那一次，我夢裡的老頭對我說：「其實，妳已經真正愛自己了。」

但是我才三十三歲呀，不可能課題就到此為止，宇宙一定會給我更大試煉，來挑戰我有多麼愛自己。

就像遊戲打怪，你從五十級升級到一百級，宇宙是相對論，它知道你的力量強大，就會派發給你更巨大的課題，然後看著你不斷克服與拓展，送你的禮物就越豐盛，接著你的靈魂就會超爽，然後繼續給你大怪物，再送你大禮物，一直到你老死。

有些人的心智就是脆弱，光是「在意社會價值」這一關就過不了，天命跟創造力就此侷限；有些人則是「在意旁人眼光」，寧可向貪婪虛榮投降，對自己的作品妥協。

有些人只能走到五十級，無法到一萬級。都是盡力了。

只是我想說，試煉是無限的，但你獲得的能量也會是無限的。所以，就像夢裡老頭對我說的結尾：「妳的心臟要越來越強大。」

要達成和諧，就要先擁抱黑暗面

每次演講、被專訪，我常常被問到「自我」。

到底什麼是自我？**就是看見你的黑暗，看見你就是一個自私自利，脾氣暴躁，貪婪軟弱虛榮，但又渴望陽光希望，且願意向善調整的，一個矛盾的人。**

人類到底是善或惡？我覺得人類絕對不是善類，但絕對「渴望善」。

我經常看到一堆把自己困在痛苦裡的人，被受害者思維和反覆的憂鬱症侵蝕，而因宇宙的顯化法則，讓他們一直為自己顯化不好的能量，宇宙讓他們越變越衰，最終走向崩毀。

但其實，他們也不希望自己變成這樣。他們還是渴望愛跟善，沒有人天生想被傷害，甚至享受被傷害，沒有人是這樣，哪怕是自殘的人，他們也不想要這樣對待自己。

所以，人類終究是渴望身心靈平衡，宇宙的本源依然是相對論的和諧法則。然而，你要達成和諧，你就要跟你的暗影先擁抱。

但是所謂暗影，不單單只有別人傷害你，你也不能逃避你的自私和貪心，你要看見它，然後用你的愛與善，用你的希望和好奇心，去消融你內在的黑暗、底層的匱乏。

自剖的時候，不要只看向別人怎樣傷害你，我爸爸說了什麼傷害我，我媽媽做了什麼導致我金錢焦慮，我前老闆怎樣欺負我。

ＯＫ，你就最棒最好啦，你就不會傷害別人嗎？

你敢說你沒有用你的情緒和言語任意撒潑？你每一次在網路留下的無心評價、惡意嘲諷跟嘲笑，對別人難道就不是傷害？

你被傷害不假，不代表你就可以漠視自己傷害他人。你要看見，你要看見你是怎麼傷害別人，還有傷害自己。

你才是自己的開光者

我犯過的錯太多，滿是後悔堆積的人生，誰不是如此。

可是，就是看見自己多麼殘破，看見自己的裂縫，我才會窮盡一切力量找方法修補，然後看著每一次都比上一次進步的自己，產生由內向外的信心。

我不用再跟別人乞討光，乞討針線，我可以自己補起來，靠著不斷向前拓展的喜悅，長出我的翅膀。

簡直爽透了。

正因如此，我更加欣賞那群願意承認自己曾經醜陋，最終卻用實力自我突破的人，沒關係，起碼你看見，你咬牙改進，你努力用強心臟站起來，學會負責，學會愛。

以及，你也會珍惜愛你、支持你的親人伴侶，勇敢為他們扛下責任。因為你心懷星空大海，曉得一切也是為了你的愛。

雖然接下來，你漸漸會意識到：你依然是一輩子孤獨的人。

記得導演好友告訴我，在我選擇「活出自我」為人生主題之際，就要做好孤獨的準備，而我還在學習這一連串承擔的過程，我不會怪任何人的。

但是，我再也不會怪自己。

我再也不會把看向自己的缺陷，視為一種自我貶低，畢竟我的確逐漸享受「在調整中越來越進步」的自己。

講一件有趣的事，之前我提到自己會一輩子孤獨，結果嚇到讀者。看吧，文字就是框架。我說的一輩子孤獨，指的是心理狀態，你要清楚你的暗影，只能被你的光明消融，別人充其量只是引導和陪伴，但開光者只能是你，也必須是你。

你才曉得，真正的自信是什麼。

最偉大的愛，就是平常心

你深愛的人事物，會離開，也會回來；
你討厭的情緒，會來到，卻也會走掉。
保持著不輕易評斷的悅納，
你會變得自在許多。

受邀到高雄參加一個沉浸式劇場，主題是搭上一班「沒有時間限制」的列車。乘務員遞給大家的車票，終點站是空白，交由我們自行填寫，在這個列車上，大夥兒有大把時間去探索和思考：如果可以倒轉過去，或是跳躍到未來，你到底想去哪裡？

向來旅行，我都習慣、也極享受獨自一人。

如果要玩劇場互動式的遊戲，我的互動對象必然都是跟陌生人，然而我特別著迷和陌生人交流的過程，我總確保自己能給出所有，因為一旦全情投入，這股能量會在無形中影響對方，你們都會玩得盡興，談得愉悅。

我和一個陌生女子分配到同個車廂。

透過劇場演員的引導，我們一步步認識彼此，偶爾也會和她結伴戲弄劇場演員、和演員即興交流，就像自己也是一個演員一樣。

只是沒有想過的是，我們兩個竟然在整趟旅程裡淚流滿面，明明初次見面，卻感覺彼此就像穿越千年跋涉，好不容易齊聚在這個無時間的車廂，只為給對方一個當下最需要的訊息。

陌生女子的名字叫琪琪，屏東人，二十四歲，畢業後從事護理師工作，我和她在車廂內交談，偶爾根據演員指示，彼此分享最近印象深刻的體驗。

「其實我上週才參加完朋友的告別式。」琪琪說。

朋友和琪琪同年，是從小到大成長的閨密，高中因男友劈腿罹患憂鬱症，琪琪花很長的時間陪伴朋友療傷，但朋友依然在上個月上吊自殺，花期尚未開始就已經凋零。

至於琪琪，她也像劇場交給觀眾的角色設定一樣，時空就此停留，停在朋友告別式的那一天。

「我很想她。」琪琪眼眶瞬間泛紅，卻又強忍克制，第一次見面就聊到這麼沉重的話題，我見她一時之間肢體有些侷促，大拇指緊張地摳著膝蓋。

「當初看到這個劇場主題，要找找自己想去哪裡，我就很想參加。」她靜靜地說。

「我有點不知道自己要去哪裡，生命好無常，我曉得自己很年輕，可是朋友的離開，我覺得好哀傷，我們感情真的很好，可是我卻沒有辦法讓她知道，她一直都是被我們愛著。」

我頓時語塞，只能默默聆聽。

忽然耳邊傳來劇場的廣播提示，要我拿起手上的隨身聽，隨身聽裡有很多首歌：「請妳親自選一首歌曲，給妳旁邊的乘客聽。」

滑開 iPod 的播放清單，沒有一首中文歌聽過，我決定交給命運，按下隨機播放，想讓命運來決定歌曲，放給琪琪聽。

歌曲是陳奕迅的〈好久不見〉。

「我來到你的城市，走過你來時的路；想像著沒我的日子，你是怎樣的孤獨。」

極度共時的歌詞，琪琪的淚腺失控，在我面前悄聲哭了起來。

我陪著她，慢慢地跟著陳奕迅一起唱。

「我多麼想和你見一面，看看你最近改變，不再去說從前，只是寒暄，對你說一句，好久不見。」

聽到這邊，突然一個雷擊想法湧現，我鬼使神差地對琪琪說：「妳不要覺得妳的朋友不在，這不是事實。」

我告訴她，實際上在宇宙的邏輯裡，過去、現在跟未來是非線性的，故而，即便我們感覺到深愛的親友此刻不在身邊，可是真相是，只要我們願意想念他，願意祝福他，那麼這股想念的頻率就會讓他始終與你存在，也和他的家人共振。

以及，這個「存在」會化作各種形式，比方一首歌，比方一個人帶來的一句話，又或你在街頭看到的一隻蝴蝶或一根羽毛。

「妳會參加這個沉浸式劇場，會聽到陳奕迅的〈好久不見〉，甚至聽到我現在講的這段怪怪的話，都是妳的朋友在和妳說話，他聽見妳的想念，透過我們給妳這些訊息。」我說。

「這個訊息就是——妳只要溫柔地想著她，她就會在妳身邊，默默給妳支持跟祝福，她早就知道妳一直很愛她，妳不應該感到自責，而是尊重她的選擇。」

此時，琪琪已經哭得淚眼矇矓，話都說不清楚，只能盯著我，反覆地說謝謝。

下車時，琪琪給我看她手寫的終點站——和妳同在的未來。

她笑著說：「瑞希，希望妳也能找到妳想去的終點站。」

擁抱你的黑暗面，而非急著丟棄

我到底想去哪裡？

其實，在和琪琪說這些話的同時，我也是在對我自己說話，就像寫作一樣，我狀似都用第三人稱的「你」在教訓別人，實則全部都是痛罵自己，我總是要大家愛自己，但我知道我尚未完全做到，始終在迷惘跟自信，在激進和退縮，在熱情和鑽牛角尖，兩邊來回擺盪。

倘若琪琪是放不開對朋友離世的自責，那麼我就是不放過我自己。

我始終希望自己一直都很有自信，一直都是衝破重重考驗的女戰士，所以我經常無法接納那個膽小畏縮且情緒化的狀態，我覺得那種狀態很丟臉，很表裡不一，甚至醜陋。

根本不是這樣的。失去跟存在，從來就是一個迴圈。

在宇宙的大千領域，善跟惡，好跟壞，失去與得到，黑暗和光明，始終是交叉存在。猶如琪琪的好友，表面上過世，但在超越性的宇宙星系，她仍舊好好活著，仍舊活在每一個愛著她的人的意念之中。

一個人本質的好跟壞，不可能抹滅，就像你不可能阻擋黑夜的來臨，每個人總是喜歡陽光普照，卻忽略黑夜的沉靜反而能幫助我們獲得更多，許多詩人都是在夜晚裡遇見繆思。

所以關鍵是，我會怎麼看待離去？我會如何看待我的情緒化和畏懼失敗的那一面？我會如何覺察它們？並且終將曉得，它們從來不應該是我的敵人。

會產生這些暗黑情緒，是內在的高瑞希正在受傷，妳要學習的不是把她丟棄，而是擁抱，輕柔地勉勵她不要害怕，妳要清楚能安撫她的只有妳，妳不能吃妳自己性格的自助餐，只選擇看好的那面，卻對負面的自己不斷檢視及批評。

當我選擇用寬容的那一面去接納我的黑暗，我頓時輕鬆許多。

我曉得這股情緒就和日升月落一樣，不過是一時，你今天想要暴躁一點，那就在不傷害他人的情況下允許自己暴躁，用力嘶吼唱個搖滾樂、裸體跳個舞，立馬回到一條好漢。

過去、現在、未來是非線性，情緒也是非線性，它們都有該來的流，也會不斷循環，所以宇宙的宏大之愛，終究是安然隨心，沉靜地看著它走，迎接它來，再看著它走，你會漸漸不再害怕，因為你知道，它還是會來。

你深愛的人事物，會離開，也會回來；你討厭的情緒，會來到，卻也會走掉。保持著不輕易評斷的悅納，你會變得自在許多。

原來神性的愛，從頭到尾就是平常心。

走出火車站，我向乘務員交出車票，終點站是：有你在的任何一站。

我想徹徹底底，接收高瑞希的一切，我知道唯有黑暗跟光明的高瑞希合體，那才是真正的，歸返了我的靈魂之鄉。

輯五

變好，從微小處開始

風格，取決於你如何過生活

風格並非受限穿衣，是一種生命態度，
你是用怎樣的視角看待世界、理解自己和他人的關係，
最終找出適合自己的活法，
而這種精神必須由內而發。

「妳不時尚，所以妳沒個性。」

一次和朋友們聚會，其中一位穿著時髦、對時尚美妝頗有涉略的友人G，席間突然興致來了，對周遭認識女性的臉蛋和身材進行點評，幻想她們適合做怎樣的造型，以及可以嘗試哪一種風格。

G先是望著在場一名友人A：「妳的臉蛋就是日系路線。」

說完，她的視線迅速投向另名朋友B：「妳是標準的韓系美人。」

見到A和B煞有其事地點點頭，臉上透著一股驕傲。

現今社會瀰漫著「活出獨一無二的自己」風氣，但人類潛意識依舊逃不過渴望被歸類的想法。

倘若出現一個專家幫忙定義風格，似乎多少能從那個屬性裡頭找認同，就像今天一個人被說適合走搖滾酷妹的路線，她恍惚就自認朝帕蒂．史密斯（Patti Smith）的率性瀟灑更進一步，哪怕這種心態極大概率是自我陶醉，但有夢最美希望相隨，有風格可以借鑑，總比找不到風格好。

得到在場兩位朋友認同，G更加滔滔不絕，分析某個高中同學屁股很翹，這個人是歐美路線；某個閨密經常穿素色長洋裝，是喜歡村上春樹跟無印良品的文藝青年風；某個女老闆看起來很優雅，法式慵懶就是她的專屬風情。

好不容易G終於看向我，靜默幾秒。

「希希，妳不是很時尚，所以沒什麼個性，我不知道妳適合什麼。」

霎時間，自己頓時成為進到《哈利波特》霍格華茲學院卻沒有被分類帽選中的孩子，每間學院皆無容身之處，但是我完全理解G的想法，這不是我第一次聽過類似的話，某任男友J就對我說過：「一排女生站在一起，妳就是跟其他女生不一樣。」

前男友J這句話不是讚美，更多是困惑不解，他從我的選衣標準裡看不見一個脈絡。

我檢討過自身衣品。打開衣櫃，衣服是黑色與白色居多，如有其他色系，不是姊妹穿舊拿來送我，就是陪著姊妹一起逛街、請她們幫我挑選，我有一件螢光綠公主袖上衣，是一個記者朋友帶著我去ZARA買衣服，鼓勵我挑戰大膽顏色，試穿後發現好看，布料舒服，也就買了。

秉持著舒服就穿，好看就好的邏輯，我不會刻意為自己找一個特定風格套入，穿衣選擇自然沒有統一，乍看有種無法歸類的感覺，不過我卻從這件事情觀察到：服裝品味，無疑成為世人判斷一個人性格的基本門檻，這邊必須強調沒有對錯，僅是一個普世現象。

以及，「服裝」能幫助你建立表象性格，讓人誤以為自己穿上這樣類型的衣服，當真就能成為這樣類型的人。

影后周迅拍攝陸劇《如懿傳》會提前到片場，穿上精緻古裝、足蹬旗鞋，假想如懿如何走路與擺頭，以幫助她快速融入角色。

不要說周迅，今天任何一個人出席隆重場合，男人西裝筆挺，女人禮服加身，沒有人敢造次，人人頓時成為紳士淑女，說話語速通通放慢，至於回到家裡換上休閒服，大挖鼻屎都不覺得奇怪。

觀察時尚雜誌拍攝名人封面，搭配暗黑系風格的服飾，明星露出可愛俏皮的表情頻率就比較少；反之，換上少男少女系的服裝，基本上你很難見到他們擺出苦大仇深的厭世臉，換個服裝，換一張臉，卻是千篇一律的刻板形象。

是的，服裝能夠幫助我們快速奠定自己和他人的第一印象。

對多數人來說，穿上特色鮮明的裝扮，除了本身嚮往這種風格，內心深處難免渴望外界能用這類型風格來定義自己，此為資本主義文化之下「人設塑造」的一環，莫怪坊間出現不少心理分析叢書，試圖拆解何種性情的人喜歡哪樣的服飾搭配。

但是，當我們太把這種普遍現象過度視為理所當然，終究出現反噬。

如何生活，決定你的風格

一個人會將「服裝風格」及「性格特質」完全同論，判定什麼樣的衣服就該配怎樣的性格、怎樣的拍照表情、怎樣的動作舉止，猶如工廠流水線做出的單一套版，那麼相對地，他對一個人的偏見就容易由此而來，甚至，假如有心人士想要欺騙他，更可以從服裝品味來蒙蔽他雙眼。

知名影集《創造安娜》和真實紀錄片《Tinder 大騙徒》，詐騙分子靠著一流的生活品味和高級衣品先行擄獲被害者的心，誘使他們慢慢掏錢，上述兩名詐欺慣犯，無疑也是抓住人們習慣「用服裝定義人格」的劣根性。

現今不斷提倡打破二元的思想，但人們將服裝風格和個人性情劃上等號，恰恰是二元的體現。

回到友人G對我說的那句「不夠時尚等於沒有個性」，很難找到風格，難道真的是如此？

縱然沒有固定的穿衣套路，我到底有沒有個性、內心有沒有主張，和我聊天相處的妳難道看不出來？雖然知道G的本意是想幫我找出一個固定的時尚路線，以後便能朝此類風格進行到底，但她的無心之語卻令我重新思索：我們對於風格的本源，是否正在本末倒置？

傳奇服裝設計師可可．香奈兒（Coco Chanel）曾言：「時尚易逝，風格永存。」更提過自己不需要追逐風格，因為她就是風格本身，她的存在即是風格。

一個人光是站在那裡就能被視為「風格」的一種，不見得跟他的事業做多大、情路多順遂有關，而是風格本就不該被衣品綁架，更非等同時尚，風格的最本源，應是人類掙脫世俗價值觀的枷鎖，致力發展自我所萌發的魅力及生命力。

風格，是一種精神力量，源自你用怎樣的態度過你的生活。

英倫天團披頭四（The Beatles）或民謠詩人巴布・狄倫（Bob Dylan），抱著一把吉他上台，隨著音符落下的節奏搖擺，每個人都能從他們的歌詞和聲線裡聽見搖滾，他們的創作即是他們生活的表述，不見得需要穿著鉚釘鞋或真皮靴，不一定要煙燻眼妝，他們光站在那裡高歌，就是 rock and roll 的最高展現。

更甚者，風格不是給你自己在那邊講，通常取決於外界怎麼看待你這個人。誠如樂迷老愛說巴布・狄倫是一九六〇年代反叛文化和反抗民謠的代言人，但他自己完全不這麼認為，還一度討厭別人這樣說他。

可又能怎麼辦？這就是別人眼裡他的模樣，叛逆就是別人眼中「巴布・狄倫風格」，可繼續深究，這到底是不是巴布・狄倫的人格魅力？其實就是。

無論早期抱著口琴、木吉他唱著民謠，再到後期改用搖滾樂團伴奏，這種想幹嘛就幹嘛、無視大眾期待的隨性，正是讓巴布・狄倫成為美國時尚符碼之一。巴布・狄倫不喜歡被定義的個性，讓他活出反叛的精髓，多矛盾，多美麗。

風格並非受限穿衣，是一種生命態度，取決於你如何過好你的生活。你是用怎樣的視角看待世界、理解自己和他人的關係，最終找出適合自己的活法，而這種精神必須由內而發。

現在的我，依然想穿什麼就穿什麼，也依然不曉得自己是什麼風格，直到前陣子和一位歌手好友吃飯，她突然說道：「妳在我心裡就是野性，給人一種爽脆感。」（她就是用爽脆感形容，好愛我的朋友。）

原來我是野小孩。

我不討厭。

你不需要做一個顧全大局的人

當你感受到不平衡的情緒，你就必須要大膽表達，
畢竟你要記得，
你如果不說，沒有人理應做你的蛔蟲，
他們就是不知道。

二十幾歲的時候，我遠赴北京參加央廣舉辦的網路主播大賽，在飯店訓練營住了一段時間，過著白天上課訓練、下午錄製節目、晚上準備隔天賽事的日常，其實沒什麼機會出去玩，一切依循主辦單位安排，儘管最後沒有成功簽約，卻是我最難忘的一次經驗。

因為是訓練營裡唯一的台灣人，再加其他參賽者皆在主播圈、網紅界和音樂領域頗有成就，我一方面要適應不熟悉的生活習慣，另方面又帶著自卑情結，言

行舉止戰戰兢兢，主辦單位提出的要求我全部答應，吃什麼隨便，穿什麼隨意。

以及，導演要我在鏡頭前說出連我自己都不認同的話，我連反駁的膽量都沒有。一個人唯唯諾諾，不只自己有感覺，其他人都看得出來。

某天晚上回到飯店，和我同寢室的參賽者青子來找我。

她是一個來自呼和浩特的蒙古大妞，有一副嘹亮歌喉和千杯不醉的酒量。坦白說，我時常懷疑青子體內有兩袋胃，其中一袋裝的就是酒水，因為她總是白天三罐啤酒，睡前三罐啤酒，成天保持微醺狀態，或許這能幫助她在比賽的高壓環境下放鬆，甚至鼓起勇氣，對我說點真話。

青子走到我跟前，豐腴白嫩的身子斜倚在我的床邊，我見她整個人的臉頰因酒醉漲紅，眼神半閉朦朧，慵懶得像是剛睡醒的紫禁城，然而，我更清晰記得她丟了個讓我一時半刻回答不上來的問題：「妳是不是一個習慣顧全大局的人？」

我尚在消化青子為何突然說出這段話，她繼續說道：「如果妳覺得委屈就要說出來，因為全世界，只有妳知道怎樣的方式對自己最好。」

說完後，她打了個呵欠，直接在我的床上昏睡。

可是我失眠了一整晚，思索青子對我說的「顧全大局」建言，就此醒悟：**一個人太顧全大局，最終結果大抵危險且悲慘。**

很常看到一種說法，有些作家聲稱每個人遭遇經歷不同，養成性格和思考邏輯必然不一樣，我們無法用單一結論去解釋某種行為。

我認為說出這種話的人，未免太夢幻且不負責任。

倘若人類真如其所言那麼「具備獨立思考」及「每個人想法都很獨特」，那麼唐朝就不會出現滿街頂著芙蓉冠和咬唇妝的女子、魏晉南北朝的百姓不會一味崇尚玄學修仙的玩意，現代社會更不會生出所謂「政治正確／不正確」的名詞，連社會心理學相關研究都不會出現。

資本主義、傳統父權、宗教信仰為人類帶來百年影響，人類早就慣性配合社會的主流意識來行動，將這種「社會灌輸的想法」當成「自己的想法」，他們以為這是做自己跟愛自己，倒是沒意識自己跟別人都穿成同一模樣、整成同一模樣、思考同一模樣。

只不過，我覺得這類人依然幸運，當愚民不曉得自己正被操弄，那麼就開開心心依循社會價值做事就好，成為尼采口中的駱駝，上一輩爺爺奶奶多數是這樣的情況。

我認為最痛苦的是另一類人，是那些即便清楚自己不喜歡也不適合這樣的生活方式、審美價值和思考習慣，卻依舊為服膺主流思潮去配合，造成終生抑鬱、經常懷疑自己是否異類的人，殊不知，他們才是世界上最獨一無二的存有。

可是，正因他們在「服膺主流」與「自我覺醒」間來回擺盪的矛盾，很容易產生心理疾病跟自我厭棄。

故而，當我們回到**「一個人顧全大局」**的背後心理，倘若排除第一種毫無知覺配合主流社會、喪失靈魂的殭屍，既然人家已經甘願當井底之蛙，代表他們喚醒不了靈知，終生活不出天命，苦口婆心也是枉然。

過度壓抑，終將喪失自我

我主要想細究第二類人的狀態，他們顯然複雜許多。但複雜歸複雜，大致脫不了兩種心理，前者是**「聖母情結」**，後者是**「生存焦慮」**，且這兩種心理背後，其實涵蓋一種深層的潛意識，即是畏懼失去、恐懼改變。

先分析第一層面的兩種心理：聖母情結和生存焦慮。聖母情結，多半存在於情感關係；生存焦慮，則好發在無法改變的職場環境。

談到情感關係的聖母情結，必然看過以下故事。

明明熱愛事業，卻為丈夫放棄工作在家照顧兒女的女人，結果換來丈夫外遇的結果；被公婆精神和肢體虐待，為家庭忍氣吞聲的媳婦，長期罹患嚴重憂鬱症；眼見老婆花錢如流水，好吃懶惰又死不工作，卻自我安慰要服膺父權價值，做個一肩挑起經濟重擔的丈夫，結果把身體搞壞；談戀愛時為伴侶頻頻改變自己，完全沒有底線，只因擔心對方離開。

「情感關係」的顧全大局，多是源於自我奉獻。

自我奉獻不是壞事，但是奉獻「過頭」形成自我消耗、失去關係平衡，反說服自己這是愛與負責，那便是不健康的狀態。另外，有的人是太害怕脫離慣性，憂懼失去這段關係的自己無法變得更好，遂繼續待在這個有毒的互動狀態，以為自己沒有選擇。

「職場環境」的顧全大局，無疑是生存焦慮。

我在北京比賽的情況就是一例，主辦單位有他們行之有年的老規矩，即便某些規範明顯有毒，可是你清楚自己無權無勢，現下機會難得，倘若不願意配合資本主義的規則玩，多的是願意配合遊戲規則的新人。

我認識一些演員和歌手朋友，早年娛樂圈是經紀公司、唱片公司最大，致使他們常是被選擇的一方，有時為服膺公司的標準去改變自己，過度妥協，個個心理生病。

今天別說演藝圈，有多少領公司薪水的人，遇到被資本主義和父權思想荼毒而毫無病識感的主管和同事，又或食古不化的體制，相處起來萬般痛苦，卻捨不得高薪誘惑、肩負家庭重擔、無法改變原有消費習慣，照樣說服自己沒有別的選擇，只好在職場繼續「過度顧全大局」，做一個鞠躬哈腰，喪失自尊又不開心的人。

但誠如我前文提到，無論職場的生存焦慮，還是情感的聖母情結，背後都藏有一個集體潛意識，就是：**我們會恐懼失去、畏懼改變之前的未知。**

每個人都想要發展自我，但又為什麼要堅守一段不被珍惜的關係？為什麼脫離不出某個一灘死水的職場？心不甘情不願地逼迫自己顧全大局？

因為說穿了，一旦人類長期待在某個穩定不變的狀態，即便那個狀態再難解、再有毒、再心煩、再不愛，但割裂期間必然有陣痛，那種未知恐懼就足以令人害怕，你怕直接離職找不到工作，你怕離婚之後沒有生計，總之你就是怕一堆根本還沒有發生，也不見得會發生在你頭上的事。

可惜的是，最終我們必然明白，任何情感關係或職場生態，「過度」顧全大局，過度到喪失自我的人，不僅會讓你萬分痛苦，到頭來還沒有人會感謝你，你的努力犧牲與近乎偏執的隱忍，別人就是把你視為理所當然，你只會在大夢初醒後感嘆自己的一廂情願。

別人為什麼會視為理所當然？不是別人不知道感激，不是別人心地邪惡，是你根本沒有講出你的底線，哪怕起初你很願意付出，然而，當你感受到不平衡的情緒，你就必須要大膽表達，畢竟你要記得，你如果不說，沒有人理應做你的蛔蟲，他們就是不知道。

大膽取捨，才能迎向未來

《易經》有個卦象叫做「節卦」，指的是節制的智慧。

其中有句爻辭寫道：「苦節貞凶，其道窮也。」一個人過分節制，隱忍到內心困苦不安，代表這個節制之道到達頂點，即將迎來凶事。縱然你想要求生存、怕失去，但過度壓抑絕對不是維護關係和職場和平的長久解法，勇敢說出你的情緒，有時候是一種平衡，也是對對方的觀察。

畢竟，全世界只有你清楚自己的心理轉折。

今天你選擇說出來，不見得是為求別人理解，因為別人搞不好不在乎你，但假設見到對方如此漠視自己，你大概要清楚這段關係和職場是否值得你繼續，主因是對方完全不尊重你，繼續維持下去，你的靈魂只會越來越枯竭，就像無限歪斜的天秤。遇到這種情況，你就要開始取捨你現在的狀態，什麼對你來說才是最重要的，這我也無法幫你回答。

倘若你已經思考清楚，決定以精神狀態的安然自在為優先，既不怕離職，也不怕斬斷有毒關係，純粹只剩下「恐懼未知」跟「害怕改變」，那我可以肯定告訴你，這不需要害怕。

畢竟當你靜下心來，仔細回溯你的前半生，你會發現你始終不斷在改變跟迎向未知，從嬰兒牙牙學語到學習站立，從反覆戀愛到失戀爬起，從學校畢業和朋友各奔東西，你早就有那個力量迎向變化。

你現在會恐懼，不過是你短視，你看得不夠遠，若把視野攤成一個平面，你從過去就已經是勇者，那麼現在跟未來，你也會是如此。

卡住，其實是一種生命的祝福

當一個人在卡頓的煩躁狀態下做出的任何行為，
很容易會帶有強烈情緒，而那多半都不會是正確的。
可是，當你把「卡住」視為生命的常態，
那會是一個完全不同的視野。

情感關係、事業財富，哪怕包含健康狀況，我觀察人類最害怕、最容易感受到恐懼的狀態，即是意識到自己處在一股「卡頓」的情況，但又無能為力。

前段時間照鏡子，我的頭髮在一個要短不短、要長不長的長度，眼見髮尾如章魚腳四處亂翹，想剪回短髮省得輕鬆，心底卻覺得可惜，可是想到要留長髮就必須捱過蓄髮陣痛期，這段日子要頂著章魚頭出門，內心又感到煩躁，卡著不上不下好討厭。

頭髮長短，還算好解決。但是其他事情的卡頓感，若想解決這種反反覆覆的情緒，顯然有些難度。

曖昧對象對我忽冷忽熱，是該放下還是另尋其他對象；此刻事業老是讓我不確定，方向做起來好像是對的，是適合我且有前景的工作，可是我明明很努力，依然看不見成效，想放棄又捨不得。

或是進入戀愛關係，隱約感受到這個人不適合我，可是我又喜歡他，還需要繼續嗎？當然，最常見到的還有分手或斷聯，你一方面心心念念著復合、想著是否應該等待，但另一方面又想下定決心放眼未來，內心各種卡頓，想放下就是放不下，遲遲做不出決定。

卡住，是一個很痛苦跟煩躁的過程。

身處在這種要上不下的情緒迴圈，不惜藉由塔羅占卜、求神問事盼著別人來替自己做決定，其背後隱藏的心理因素，除了不相信自己、沒有勇氣為自己做決定，還有深怕自己做出錯誤選擇。

但還有一種狀況，是這個人心裡早就知道答案，也清楚想要往前走，可是他的大腦就是放不下，經常就會當機卡住。

這部分和一個人的自信與否不見得有關。

而是有的時候，情緒就像暗湧，你意識到它的存在，起初先是選擇處理它、嘗試放下它。只不過，當你認為它消失了，它又會在某些不經意的時刻湧現，就像拚命用油漆掩蓋的白牆再次滲出裂縫，讓你重新陷入「卡住」的狀態。

你心裡清楚對這個人與事，早就沒有那麼傷心難過，可是你依然會不時想起，接著光是想到就煩躁，心想為什麼明明走過了，還是重新想到他，難道是我放不下？如果是我放不下，那麼時間也太久了吧！

有些人會開始對自己生氣，對自己擁有這些情緒生氣；另一些人，則把這種輾轉往復的情緒打結視為是某種星象發威，比如水星或火星逆行。

我倒沒有迷信到這地步。

因為這個卡住的、忽高忽低、一時間做不出決定的情緒，我們其實可以擁有

和它共處的方式，它可以超越星象的框架，它是可以被你控制的，化解卡住的方法就是——卡住了，就讓它卡。

卡住，不見得是壞事

我真正領悟和「卡住」相處的契機點，是在一次的曖昧結束。

對方是一個四十幾歲的男人，當初僅見一次面，我就喜歡上他，他對我來說充滿吸引力，而男人也表示喜歡我，雙方已經談論到結婚生小孩想生幾個、性觀念、金錢價值觀云云。

只是後期，我和他對曖昧的定義和步調不一致，導致兩人連見第二次面都沒機會，關係就無疾而終。

明明只見一次面，這個男人卻讓我莫名在意，連我自己都感到意外，大概陷入兩個月卡頓期。

我會卡住，是我明白這個男人沒有他嘴上所說的那樣「喜歡我」，他的言行不一致，縱然知道背後應該有諸多理由，但即便現在我等待他回來聯繫，倘若沒有溝通清楚彼此的狀態和感受，沒有討論出一個相處共識，這段關係還是會導向一種模糊不明的狀態，對我跟他都不是好事。

可是，我依然放不下，在意就是在意。

我清楚我就是喜歡這個人，總覺得沒有好好和他深入認識、解除誤會，心裡有些可惜，但同時我知道自己在行動上已盡力，對方的反應冷淡下來，是我勉強不來。

這個事件，是一個根本不需要求神問卜，連周遭姊妹淘都不用諮詢，我就知道應該要放棄的感情，男方已經明擺著無心，我也不是那種會死纏別人不放的女人，很多時候，你必須尊重對方不再喜歡你，這才是學習愛。

我知道是該放下了。

但這種要放不放的情緒，就是會在兩個月內反覆出現，像是走進一個鏡子迷宮，繞了不同路徑，最終折返原地兜圈子，坦白說這段期間，我喜歡這個男人的程度早已大幅減低，剩下的更多是自責，心想這股「卡住的情緒」到底要怎麼處理。

事業方面，我不太有這種問題。

換到愛情，我承認我很鑽牛角尖，長年都在處理自己的卡頓情緒，不惜嘗試各種管道，運動、冥想、繪畫、寫歌、寫作，往好處想，我倒是莫名其妙習得不少才藝，身體機能也練得很不錯。

但是卡住的情緒，它仍舊會時不時湧現作怪，你不禁懷疑它根本是我身體的一部分。

一個人會從卡住的狀態醒過來，是一瞬間的事。

現在的我，之所以能和「卡住」自在相處，是上了國際舞蹈家廖筱婷的編舞課，包含加入了成英姝老師的劇團。

和電視電影不同，劇場表演和編舞課強調的是「現場能量」的流動，包含靜觀練習和舞蹈，形成充滿象徵性留白且詩意對話的表演空間。

只不過，一旦涉及到現場行動，即便事前操練再多次，難免還是會遇到不可控的狀況，你無法叫攝影機關掉、導演無法喊卡，你卡住了，仍舊要想辦法舞動下去，想辦法繼續表演，畢竟觀眾就坐在台下。

劇場表演和編舞課首要的練習，都是要處理「卡」。

筱婷老師的編舞課上，經常會安排讓我們的肢體「有目的性的擺動」，比如要我們以左邊手指為出發點，右邊腳趾是終點，接著想像在出發點和終點間連線，同學會開始練習從出發點的手指舞動，慢慢一路跳到右邊腳趾。

舞動的整個過程，是逐步遞進。

你必須感受到手指的顫動經過手肘、手肘來到二頭肌、二頭肌連到肩膀、肩膀到鎖骨，你想像汗水從髮際滑落到頸項，汗滴是慢慢滑下，不是一下就到終點；換言之，你就是要感受**「全身肢體都在流動」**的過程，盡可能發動每一個經過的部位，讓它們都在跳舞。

對初學者來說經常遇到的情況，就是有些部位，你根本不曉得怎麼動。

比方你叫我用鎖骨跳舞？鎖骨的舞動又該如何牽引到乳尖？坦白說，無論在劇場表演還是編舞，我常常陷入這種「卡住」的過程，就是無法跳得順暢，一度嚴重懷疑自己天生沒有流動感。

為了克服這個狀況，我每天早上都在房間練習，嘗試用筱婷老師給予的指引來發動肢體，一邊用手機錄影，每次跳完都會回放，觀察自己的身體狀態。

終於，在看過幾次自己跳舞的影像後，我什麼都明白了。

通常要突破「卡」的窘境，表演者必須放下「我意識」（me-ness）的想法，將全部身心都專注在一種**「我不知道」**的狀態，給身體先行，在於身體和你的靈魂連結是最直覺，先放下思考，靈魂自然會牽動身體，幫助你擺脫這種卡的情況。

沒有人喜歡未知。

但神奇的是，當一個人必須和「我不知道」這件事相處時，就是因為不清楚接下來身體會往哪裡去，故而他所投入的，反而是更多的專注，更多的凝神，更多的當下，恰如其分的聆聽和呼吸。

好像你去爬一座山，事先查過資料，曉得如何從山腳走到山頂，可是整條路上會發生什麼事、遇見什麼人、碰到什麼昆蟲鳥獸，你是不知道的，登山者們也只能專注在當下。

正是在全神貫注當下的姿態，神性就此發生，所謂「卡住的狀態」也會以一種你意想不到的姿態慢慢消融，你會走進一個真實的流動，它給你的不會是什麼解套的方法，可是會讓你產生一種洞見。

遙想當初，我觀察自己有創造自然流動的情景，關鍵都是在：我會放鬆地、輕盈的，讓卡住發生。

越是卡住，越要平常心面對

倘若肢體卡住了，那就讓它卡住，耐心等待，因為絕對會有一個時機點出現，身體會繼續以它想要的狀態發動。甚至有時候，當你在卡住的時候隨性換到下一個動作，還會創造一種怪誕有趣的動線，讓你意想不到，可是獨具美感。

面對卡住的方式，就是平常心。

從身體到情緒，當你處在卡住的狀態，不要緊張，就先讓它卡著吧！因為當一個人在卡頓的煩躁狀態下做出的任何行為，很容易會帶有強烈情緒，而那多半都不會是正確的，更不是發自他靈魂的做法。

可是，當你把「卡住」視為生命的常態，那會是一個完全不同的視野。

有些人會討厭黑夜，是因為他失去從暗夜裡看見星星的能力；有些人討厭冷冽寒風，卻忘記這陣寒風的源頭，是他習以為常的空氣，是他抬頭就能仰望祈禱的天空。

原來，卡住是一個生命常態，隱藏的是一種「學習開放」的禮物，是一種放下控制的練習，卡住是一種祝福。

後來想起這個男人，我不再擔憂自責，而是意識到這股情緒，不慌不忙地，在心裡為他送上愛，接著繼續做自己的事，我不再勉強自己馬上不想他，更不會為此焦慮，我會觀察這個狀況、觀察自己，轉而回到當下，去做我現在可以做的事情，照常上班、照常寫作、好好吃飯運動和休息。

為什麼可以處理得如此自然而然？在於我真心明白，卡住是一時的，卡住是萬物運行的轉折。

被譽為東方天書的《易經》，就提到「卡住」的智慧。

歷經象徵天空的「乾卦」和象徵大地的「坤卦」後，《易經》的第三卦叫做「屯卦」，指的正是萬物初始、混沌不明的景象，什麼事情都還不明朗，陷入一種卡頓型態，瞧，連古人都曉得，卡住就是一種正常現象。

面對不明的卡頓感，《易經》同樣建議：「勿用有攸往，利建侯。」卡住的時候，就不要冒進，利於持正守固，覺察自己，放寬心態，清楚這個情緒它會來，它會走，它又會來，又會走，沒事的。

卡住的時候，就開開心心地接受，任其卡著吧！做點自己的事，然後不慌不忙地等待吧！待到一個時機出現，你的內心自然會知道要怎麼處理現在煩惱的事，放一千萬個心吧！

後記

你不會得到你沒有給的

去年第一次ＴＥＤ演講，也是我第一次演講，主題還非常難，講的是「自我」。這一年來收到各種出版社和大學演講邀約，希望我談論的主題、書寫的核心，都是「自我」。

起初我很困惑，怎麼會找我談這個？我的文章從來沒有教大家怎麼做自己，甚至，我寫作源頭就是想搞懂我自己，我從來就是為我自己而寫，畢竟我的內在問題一大堆，我沒有資格解決讀者的問題，我不想批評別人，批評環境，我覺得搞懂自己已經夠艱難。

或許如此吧，我一路寫我所想，主題不設限，從娛樂新聞感悟，寫到跳舞，寫爬山，寫到失戀，寫約炮理論，寫到朋友，寫哲學，寫很鳥的短篇小說，甚至，最近開始寫些被視為怪力亂神的神祕學。

直至後來跟著另位作家前輩學習，某種模模糊糊的概念被扎根，或許我一直在做的行為，就是自我的表述，只是我還很菜，我還在路上。

自我，絕對跟一個人勇於拓展、不斷往前創造有極大關聯，猶如鑽石的多重切面，你的自我不可能只有一個角度。

封閉在一方天地，不願意接受變化，不願意反思調整，沒有好奇心迸發的上進心，老是怪罪別人。這根本不是自我，是自以為是。

還有，自我也包含把安全感交出去，你的勇氣不能只限於文字，每個人在網路上都是戰神，都很會罵人，但面對面說話，都很畏縮，跟文字判若兩人。

那也不算自我。

真正的自我不僅廣袤，值得我們終其一生探索，甚至，它是內外合一的。

你的所作所為，都是全然滿足你的創造力，而它會讓你充滿生命力，在突破自己的成就感裡建立內在價值，從而相信別人，相信自己，那是全然的赤誠，你會重新變成一個沒有心機的孩子。可是當然，以上都必須用傷痕來換。

誠如我在演講和過去的大量文章提到，我的自我是透過不斷犯錯、反覆經歷事業跟感情失敗獲得的，我在衝撞和反省的過程圓滿自己，挖掘我的黑暗面，面對它，改過自新，繼續往前。

事實證明迎接我的就是奇蹟，宇宙絕對會給你重新做人的機會，雖然我花了八年重建。

突破自我，勇敢成為自己

那一天，我在舞台上自我揭露最不堪跟醜惡的一面，講述我在工作犯錯、感情犯的蠢事、憂鬱症病史，想要去死但又不敢的心情，再到和寫作重新相遇。

我可以聽見自己的心臟大聲鼓動，手臂因為會場冰冷的空氣泛起雞皮疙瘩，在家裡反覆練習講稿上百遍，上台前一片空白，緊張到在後台對著工作人員們跳現代舞（他們可以證明，一個瘋女人在後台瘋狂獨舞）。

我記得自己深呼吸，聽見一個聲音：「妳要記得，妳不會得到妳沒有給出去的東西。」

給出你自己，包含給出你的真心，雖然一定有人會踐踏你的真心，但一定有人不會，有人會深愛著這樣的你。

你要相信這件事。

那時候，我相信我是被台下的人深深愛著，抱著這個覺悟，我這個社交恐懼症者進行我的首度突破，首次面向群眾演講。

我盡力了，無愧於心。事後台下同學的反應、讀者的反饋讓我終於明白，當你放出你的真實，別人一定會感應到。

宇宙始終是一為全，全為一，你的悲傷、你的憤怒、你不被肯定的感受，甚至包含你懷抱的希望跟善意，都有人和你產生相通的共振，你環繞在大家的意念裡，冥冥中變強。你可以說這是榮格的集體潛意識。

然而，自我的最高境界，依然是查拉圖斯特拉走下山的決絕，是佛陀跟耶穌決定走進人世間的寬容，它包含對傷害的無所畏懼，跌倒數次仍舊不怕失敗，接著勇敢去愛人，愛你的目標，造你的夢，最終和他人合而為一。

講師工作坊上，我對同學們跳了現代舞，沒有音樂，對著空氣瘋狂甩髮，滿室尷尬的烏鴉。

我深深望進每一位同學的眼睛，告訴他們：「你們從頭到尾都是完整的，你們已經被愛，如果你們再不相信，我愛你，你要知道我愛著你們。」

我會一直在這邊，支持大家突破自我，勇敢成為自己，而我也會繼續努力，我曉得自己終其一生都會為此奮戰。

為我自己。

愛自己是一生的修行，哪怕艱辛，

你卻曉得這份成就感是你給自己的。

心靈漫步

相信自己，才是完整的你：覺察自我的27個練習

2023年6月初版　　定價：新臺幣360元

著者　高瑞希
叢書主編　陳永芬
校對　陳佩伶
內文排版　李偉涵
別冊排版　李偉涵
封面設計　張巖

出版者　聯經出版事業股份有限公司
地址　新北市汐止區大同路一段369號1樓
叢書主編電話　(02)86925588轉5306
台北聯經書房　台北市新生南路三段94號
電話　(02)23620308
郵政劃撥帳戶第0100559-3號
郵撥電話　(02)23620308
印刷者　文聯彩色製版印刷有限公司
總經銷　聯合發行股份有限公司
發行所　新北市新店區寶橋路235巷6弄6號2樓
電話　(02)29178022

副總編輯　陳逸華
總編輯　涂豐恩
總經理　陳芝宇
社長　羅國俊
發行人　林載爵

行政院新聞局出版事業登記證局版臺業字第0130號

本書如有缺頁，破損，倒裝請寄回台北聯經書房更換。　ISBN 978-957-08-6899-9 (平裝)
聯經網址：www.linkingbooks.com.tw
電子信箱：linking@udngroup.com

國家圖書館出版品預行編目資料

相信自己，才是完整的你：覺察自我的27個練習/
高瑞希著．初版．新北市．聯經．2023年6月．280面＋32面別冊．
14.8×21公分（心靈漫步）
ISBN 978-957-08-6899-9（平裝）

1.CST：自我肯定 2.CST：自我實現 3.CST：生活指導

177.2 112005767